「会社四季報」最強のウラ読み術

20年以上、毎号2000ページを超える四季報を読破する達人

複眼経済塾 代表取締役塾長
渡部清二

フォレスト出版

はじめに

株式投資でリターンを得るための第一歩は、その企業がどういう事業活動をしているのかについてよく知ることです。そのうえで、「この投資が正しい選択なのか」といった視点が欠かせません。

この本で私が紹介するのは、これまで発行された「会社四季報」（以下、四季報）を20年以上、総計84冊（２０１８年秋号まで）を読破してきたことで培《つちか》ってきた「会社四季報投資術」です。これを読むことで、あなたの投資観がこれまでとは大きく変わっていくことでしょう。

しかし、四季報を隅から隅まで読み尽くし、すべての上場企業の事業活動を把握することは容易ではありません。この本は、そういった意味で、私が体得した独自の読み方、四季報の「ココを見る」という、ウラ読み術でもあります。

投資家に限らず、社会人になると、仕事で嫌でも四季報に掲載されている上場企業と付き合うことになります。この相手について知ろうとするとき、四季報には上場企業の情報がコンパクトにまとめられています。ですから、四季報をうまく使いこなすことができるようになると、株式投資だけではなく、本業のほうでも大いに役に立つはずです。

では、そもそも株式投資とはいかなるものでしょうか。

美濃国（現・岐阜県）関ケ原で1600年（慶長5年）、徳川家康を大将とする東軍と石田三成を中心とする反徳川勢力の西軍がぶつかり合いました。この戦いは、のちに家康が天下を取ることにつながったことから「天下分け目の戦い」と呼ばれています。

私は以前から、合戦というものが株式投資に似ていると感じていました。

合戦と株式投資は、以下の3つの点がよく似ています。

1. 合戦と株式投資とも、まったく正反対の立場の者同士が、前者は戦場で、後者は株式市場でぶつかり合うことです。合戦では敵と味方、株式投資では売りと買いがお互い対極の思惑を抱いてぶつかり合います。

2. 両者とも情勢はどちらかに傾き、合戦では勝ちか負け、株式市場では株価の上昇か下落という結果が出ます。当たり前のことですが、両者のどちらか1つでも欠けていたら結果は成り立ちません。

3. その結果は、正しいか正しくないかという基準ではなく、成るべくして成ったという理由があることです。その理由を学ぶことは投資のみならず、何ごとにおいても役に立つものを感じます。

また一般社会では、「投資」という言葉は「運用」もしくは「投機」を指していることがほとんどです。それは、「投資」という言葉が正しく理解されていないからだと考えます。

投資の意味を手元にある辞書で調べると、こう書いてあります。

1. 利益を得る目的で証券や事業に資金を投下する行為。

2. リスクを前提に「相応の見返り」を期待して何かに金銭を投じる行為全般。

この「相応の見返り」を金銭的な儲《もう》けだけと思い込んでしまうと、1も2も同じことになってしまいます。

ただ、ある成功者は、こう言い残しています。

「儲けようと思ってやった人で、成功した人を見たことがない」

つまり、金儲けだけが目的で行動した欲張り者は、意に反して失敗する可能性も大いにあるということです。

株式投資は企業に投資をするということ。言い換えれば、国や地域、住民を潤すための活動と言えます。つまり、投資の定義に共通する本質とは「将来のために行動を起こすこと」なのです。逆に、目先の利益しか考えていない投資は投機、ギャンブルにすぎません。

たとえば、今では日本を代表する大企業に成長している日立製作所は、もともと日立鉱山という会社に付属する電気機器の修理工場がルーツでした。

鉱山会社は仕事柄、ドリルで穴を掘ります。このドリルや電力機を日頃修理する工場として、掘っ立て小屋が建てられました。そうした出発点があって、今の日立製作所につながっているのです。

さて、「株式投資のバイブル」として広く活用されている四季報には、日本の上場企業約3700社がすべて掲載されています。私は、これを端から端まで読み込む「会社四季報読破」という分析手法を見いだしました。

この分析手法の特徴は、全上場企業を分析することで、「世の中の流れ」を把握することができるようになることです。約３７００社にもおよぶ上場企業の数字やデータの積み上げはきわめて重要で、いきなり用意できるものでもありません。

四季報を読むと、上場されている企業の素性を知ることができます。その歴史、現状についてもわかり、「未来を推測する」こともできます。

そして、活用しだいでは、今後の成長株を探し出したり、株式投資の銘柄選びなど「シナリオ・メイキング」できるようになったりするのです。

この本では、四季報の基本的な読み方や活用の仕方、役立て方、必要性からウラ読みの方法まで、初級者でも読んでいただけるよう解説していきます。もちろん、企業分析の基本、四季報のエッセンスなど土台となる部分をわかりやすく解説していこうと思っています。さらに、投資する際の株の銘柄選びのポイントも紹介します。

また、上級者の方にも四季報のウラ読み術を知っていただき、膨大な企業から「コレだ！」というキラリと光る企業の見つけ方から、未来を読み解く大局観を身につけていただけるように解説していきます。

あなたも「会社四季報読破」のノウハウを身につけることで、これからさまざまなシーンで、人とはひと味違った投資や仕事の展開ができるようになることを期待しています。

さぁ、それでは「会社四季報」の世界へご案内いたします。

2019年1月

複眼経済塾塾長　渡部　清二

「会社四季報」最強のウラ読み術●目次

第3章 5つのブロックだけを見る、「会社四季報」ウラ読み術

第4章 「会社四季報」で過去から今を学び、今から未来の仮説を立てる

第5章　投資家として企業の人格を知る

※編集部注……本書は紙面上【会社四季報２０１８年春号】をもとに編集しております。また、本書で示した意見によって読者に生じた損害、及び逸失利益について、著者、発行者、発行所はいかなる責任も負いません。投資の決定は、ご自身の判断でなさるようにお願いいたします。

第1章

「会社四季報」は、世界でも類を見ない独自視点から生まれた

投資家に限らず、ビジネスパーソン最大の武器「会社四季報」

この本の主要テーマである「会社四季報」ですが、企業情報ハンドブックとして高い評価を得ている四季報は、顧客に投資を勧める証券マンだった私にとっては必携の1冊です。

これは、**日本の上場企業約3700社をすべて掲載した約2000ページ以上にもおよぶ分厚い上場企業に関する情報誌**として、3カ月に1回の割合で、東洋経済新報社から発行されています。

「株式投資のバイブル」として広く活用されている四季報には新春号、春号、夏号、秋号とありますが、それぞれ表紙の色が違っています。新春号はおめでたいレッド、春号は新緑のグリーン、夏号は空や海のブルー、秋号は紅葉のオレンジという基調の色使いになっています。

日本は、四季が美しい国です。私が「複眼経済塾」を創業したのは、この美しい日本を投資で支える「自立した投資家」を育成し、支援したいといった思いがあったからです。

こうした思いが広がっていくと日本企業への直接投資が促され、「貯蓄から投資への社会」が実現して、日本企業および美しい日本の末永い安定と繁栄につながっていくと信じています。

つまり、四季報の活用法（ウラ読み術）を通じて、自立した投資家を増やすための啓蒙、支援、サポートをする、いわば教習所のような役割として「複眼経済塾」を主宰しています。私の役割は、四季報を含めた「三種の神器」（第2章で述べます）を通じて、あくまでも運転をあなた自身にしていただくことです。そして、いつしか投資のプロフェッショナルになっていただくことです。

だからこそ、四季報読破のノウハウを健全な投資循環が生まれる社会づくりに広く提供していきたいと考え、私のノウハウを開陳するのが、この本の役割の１つでもあります。

ということで、もう少し四季報についての概要に触れさせてください。

四季報は１９３６年（昭和11年）に創刊され、80年以上の歴史があります。株式投資に関わる仕事をしている私は、**四季報を１９９８年の新春号（１９９７年12月発売）から、それ以降の全号を端から端まですべて読み込む「会社四季報読破」という分析手法**を開発しています。

そのため、これまで約20年以上にわたって四季報を読破してきました。この本が出版さ

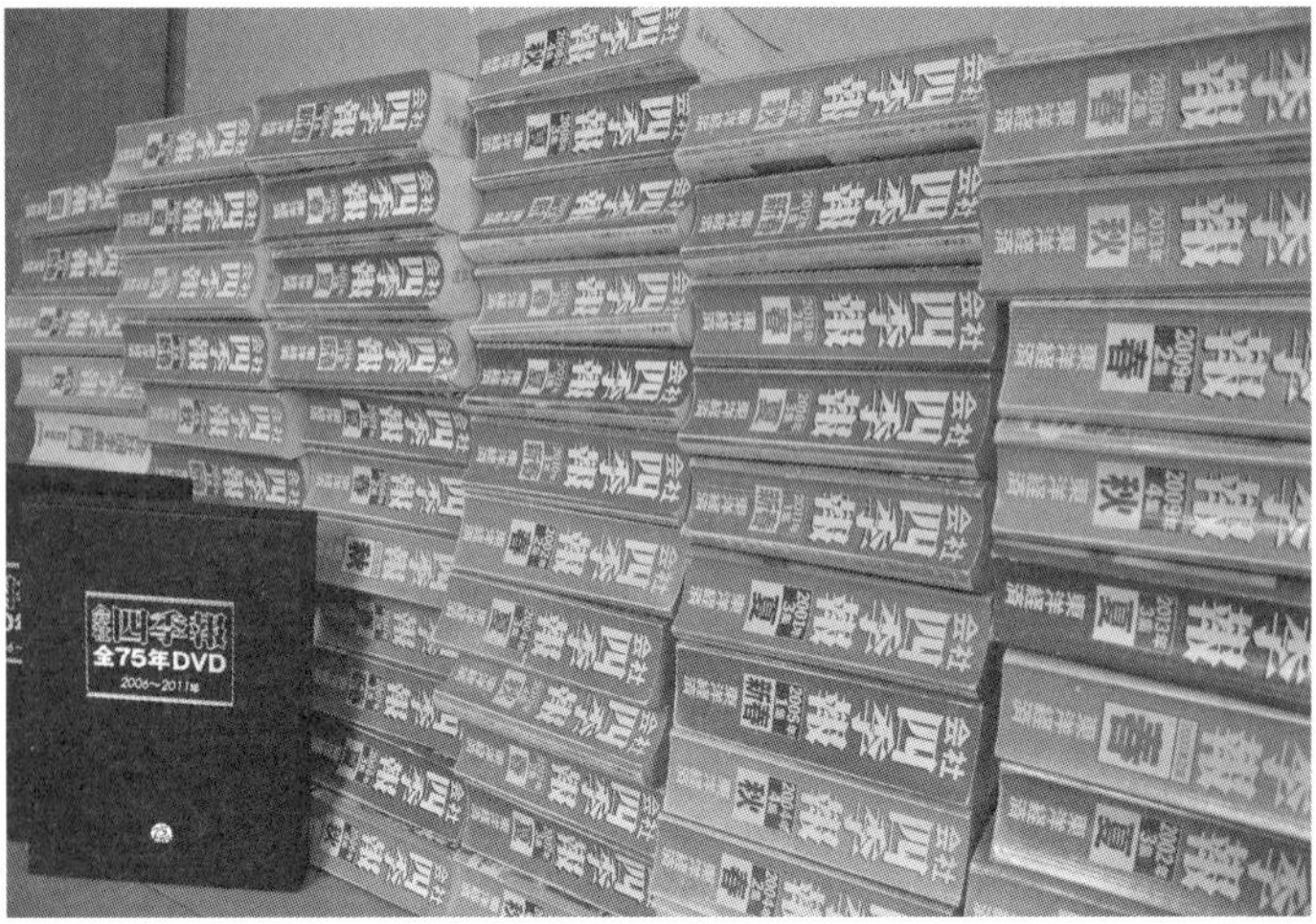

れている最新の2018年秋号で、84冊目を読破したことになります。その読破には、没頭するためにいつも2、3日は自宅に引きこもって読むことにしています。

四季報はその名の通り、春分、夏至、秋分、冬至など四季の節目の直前に発売されています。ですから、3月、9月、12月の連休と重なることが少なくありません。私にとって、こうした連休を使ってのんびり旅行に出かけるなどは夢の話です。しばらくは、このまま四季報と付き合うことになりそうです。

1冊の四季報を読破するということは、表紙から編集後記まで総計約2000ページ以上をすべて読み込むことです。もちろん、コメントやチャート、データも残さずにすべて読み込むことが前提です。

１冊当たりに掲載された数字やデータを含めて、文字概算で推計３５０万～４００万字ほどあります。これを84冊すべて読破したということは、総計で約16万ページ、文字数にして推計で約２億７０００万文字を読み込んだということになります。

この読破に費やす時間は、１００ページで約1時間かかるとして２０００ページとなると約20時間もかかります。こうした読破の実践によって、私が会社の事務所に置いている四季報は背表紙が大きく反り返っています（前ページ写真）。もちろん読破後、その内容をまとめて個人投資家や機関投資家などに情報を提供しています。

世界に類を見ない上場企業の情報誌の3つの強み

四季報の強みには「継続性」「網羅性」「先見性」の３つがあります。

まず継続性ですが、１９３６年（昭和11年）創刊の四季報は、２０１６年夏号で創刊80周年を迎えています。一般的な情報誌で創刊から80年以上も続いているものは、私の知る限りではＪＴＢの時刻表（創刊から90年以上）くらいしか思いつきません。

上場企業に関する情報誌に継続性があると、個別の企業について歴史をたどることができます。企業の過去を知ることで今の姿も見えてきますし、将来像も推し量ることができます。

世界的に見ても、全上場企業を網羅した情報誌は日本にしかありません。これまで日本経済新聞社の「日経会社情報」がありましたが、2017年の春号で休刊になりましたので、四季報が世界で唯一のものとなりました。

また、企業情報誌として「会社四季報」と「日経会社情報」の最大の違いは、前者には記載されている来期予想が後者にはなかったことです。その違いは、読者に「前者にはあるのに、なぜ後者にはないの？」と「便利さ」の違いを覚えさせせます。

四季報のような情報誌は、おそらく損得勘定を重視する海外（主に西欧）の出版社では刊行できないでしょう。これは、投資家のために損得勘定を抜きにした日本人の仕事に対する丁寧さの成せる業だと思います。つまり、株式投資のバイブルとして広く活用されている四季報は、投資家の思いを乗せて刊行され続けているのです。

そして創刊号の「本書発刊に就いて」には、こう書かれています。

「『会社四季報』を今後続巻することにした。世上類書は二、三に止まらぬが、ここに敢えて又一書を加えんとするには勿論それだけの理由がある……」

「本書発刊に就いて」に書かれた四季報創刊の意図や目的を要約すると、以下のような内容になっています。

○生きた会社要覧を提供する。

○会社は生き物だから、これを投資の対象として見る場合、その日々刻々の息吹きを知る必要がある。

○年に1回の会社要覧の類では不十分である。

○そこで、もっと頻繁（3カ月ごと）に刊行する四季報を作ることにした。

○刊行者の願いは「ますます便利に」ということである。

○よい方法は、利用者（読者）との共同編集のもとに改善していくことである。

この姿勢は、今でも脈々と引き継がれています。ですから、四季報を読み込むことで、その企業の未来像を先読みすることができるようになっていくのです。

東洋経済新報社には、もともと「会社案内的なもの」があったようですが、「生きた会社要覧を提供する」ために四季報を刊行したと言います。

企業は生き物と呼ばれることがありますが、それは「法人格」という人格があるからです。四季報に掲載された各企業に投資する価値があるかどうかを判断する場合、法人格という人格がある、その企業の日々刻々と変わっていく「体調」や「性格」といった生気や活気を知る必要があります。

四季報の発刊当時、日本には上場企業が３００～４００社はあったはずで、そのすべての上場企業の四季報を刊行しようとした試みは素晴らしいものでした。

戦前戦後に合わせて3年間ほど休刊期間がありましたが、戦時中は刊行され続けていました。実際に、「日本軍は南方の戦線で勝ち進んでいるので、トヨタも設備投資が必要だろう」といったことが書かれています。戦後になると、株式市場が再開されたあとは途切れることなく刊行されています。

また、四季報の発行を3カ月ごとの年4回にしたのも、生き物である企業が経済環境の中で日々変化している姿を読者である投資家に提供する必要性があったからです。同社が当時、こうした発想を四半期決算が導入される前に持ったことは驚嘆に値します。

しかも、四季折々のタイミングで刊行するためにタイトルに「四季」を入れているところが日本人ならではと感心します。

最後に、四季報は「ますます便利に」というのが創刊者の願いでしたが、**「利用者（読者）との共同編集のもとに改善していくことである」**という読者目線を大事にする思いは今でも立派に受け継がれています。

私が四季報を読破するきっかけ

私の「会社四季報」読破歴は、2018年秋号で21年目に突入して合計84冊になりました。21年目ということは、毎号を丸ごと21年間にわたって読破してきたことになります。そのうえで、実際の株式相場を見てきたわけです。

この四季報読破は、実は私の思いつきではありません。始めたのは1997年、当時在籍していた野村證券の上司から「『会社四季報』を全部読め」と指導されたのがきっかけでした。その方は、実は野村證券時代の上司、竜沢俊彦さんです。竜沢さんは、仕事に厳しい人物として社内でも有名な人でした。そんな彼が、ある顧客からこう問われたと言います。

「あなたは、私が愛読している『会社四季報』を読んでいますか？」

竜沢さんは、顧客の言葉にハッとしたと言います。

――自分は株式投資を顧客に勧めているというのに、顧客が読んでいる「会社四季報」を読んだことがない……。

当時、竜沢さんは課長になったばかりで、何ごとにも〝熱い時期〟でした。そして、部下にも四季報を読破させようと思ったのです。その頃の私は、竜沢さんが率いるエクイティチームの一員でした。


当時の野村證券は厳しい社風で、返事は「はい」か「Ｙｅｓ」しかないと指導されていました。返事が「どちらも同じ意味でしょう」などと突っ込もうとしても、さらに「走りながら考えろ」などと発破をかけられます。だから条件反射で「はい、わかりました」と、何でもすぐに行動することが習慣になっていました。

私は四季報読破を命じられて「まいったな」と思いながらも、一方でこの指令を素直に受け入れる気持ちがありました。それは長崎支店時代、相場も酷《ひど》かったこともあるのですが、顧客に推奨していた銘柄の株価がほとんど下落し、大損をさせていたからです。

それでも顧客から売買手数料をもらい、東京へ〝栄転のような形で〟転勤していくことに心を痛めていました。そのとき痛感したのが、上場企業についての自分の勉強不足でした。

当時、四季報に掲載されている企業で詳しく知っていたのは、本で読んだことがあったソフトバンクグループ（９９８４）くらいでした。それ以外の会社については、ほとんど何も知らないといったあり様だったのです。

それなのに何でも知ったような顔をして日頃、顧客に推奨銘柄を買ってもらい、最終的に損をさせて迷惑をかけていました。その反省もあり、上司から四季報の読破を指令されたとき「ええーっ」と驚きを隠せない一方で、「勉強不足を補うためには、ぜひとも読破しなくては」という気持ちもあったのです。

こうした流れの中で、私の四季報読破のミッションが始まりました。しかし、四季報を読破するといっても、最初は読破の進め方がまったくわかりませんでした。

そこで、私が読破を始めた第一歩からお話しします。四季報に慣れ親しんでいただき、その後しっかりと活用できるよう解説します。

まずは「証券コード・社名」欄を眺めてみる

四季報は、企業ごとの記述がAブロックからNブロックまで分かれています。たとえばAブロックには、証券コードが振られた企業名と設立の年月、上場の年月、事業内容などが紹介されています。このAブロックを見ているだけでも、その企業のさまざまなことを知ることができます。

私は当時、とりあえずAブロックを中心に最初のページから読み進めていきました。そうすると、Aブロックを読んでいるだけでも「こんな会社があるんだ」といった感じで面白かったのです。

四季報に掲載された企業を銘柄コード順に追っていくと【水産・農林】から始まり、次に【鉱業】や【建設】など「重い」イメージの業種がズラッと並んでいます。建設会社は今でこそ業績もいいのですが、当時は業績も悪くイメージも「重かった」感じでした。

四季報も掲載されている銘柄コードが2000番台になってくると、【食料品】などが登場し、日頃から目にする企業が数多く登場してくるので、多少はホッとした気持ちになります。

3000番台に【小売業】【繊維製品】、4000番台が【化学】、4500番台に【医薬品】、5000番台に【石油・石炭製品】【鉄鋼】、6000番台に【機械】や【電気機器】などの関係企業が顔を出してきます。7000番台に入ると、自動車などの【輸送用機器】【精密機器】などが登場します。

私がもっとも読み進めるのがつらかったのは、地方銀行（地銀）などが記載されている8000番台【銀行】のページでした。その際、都道府県別にどういう地銀があるのかを整理しながら読み進めていきました。読破作業に取り組んでみると、こうした苦労もあって〝過酷〟な作業でした。

最終的に生まれて初めて完全読破した四季報は、1998年新春号（1997年12月発売）でした。今では慣れもあって2、3日で読破できますが、このときは読破するのに1週間以上も費やしました。

4冊目の四季報読破で成長株を見つける

四季報の読破では、初めはいろいろな企業を知ることから始めました。読み進めていくうちに、この情報誌の奥深さがわかってきました。それ以来、各号の読破を21年間にわたって継続しています。今では、2日半で1冊を読破できるようになりました。

これを継続できた秘訣《ひけつ》は、読破すること自体を目的としてこなかったからです。代わりに、いかに読破した四季報を仕事や生活に活かすかを考えていました。

四季報の読破を仕事に活かしたケースでは、今でも忘れられないものがあります。それは1998年、四季報読破の4冊目（同年秋号）で見つけた**シートゥーネットワーク（現在は上場していない）**という企業を見つけたときでした。

同社は当時、上場したばかりの成長株でした。加工食品のディスカウントストア「つるかめ」などを展開する企業で、たとえば、マヨネーズはトップブランドの「キユーピー」ではなく、値段は安いがマクドナルドで使われ、味は確かな「ケンコーマヨネーズ」を置くなど、ユニークな品揃えで差別化を図っていました。

同社株を見つけ出す少し前に、ドンキホーテホールディングス（７５３２）が上場していました。当時、デフレが進行していて、ディスカウントストア業態はまだめずらしく、こうした時代にマッチした銘柄が注目を浴びていたのです。

この銘柄を見つけ、顧客に同社の株式の購入を推奨していました。結果的に、同社の株価は、なんと1年ちょっとで20倍以上に大化けしたのです。

ちなみに、同社は２００３年、イギリスのスーパーマーケット最大手のテスコに買収され、テスコグループの一員（テスコジャパン）として事業展開を行い上場廃止。その後、テスコが日本市場から完全撤退を表明し、イオングループの完全子会社（イオンエブリ）となりました。しかし、店舗を閉鎖してイオングループに譲渡、１年余りでイオンエブリとしての事業を終了しています（以上、編集部注）。

銘柄コードの一定の番台に固まっている大化け株

四季報から見つけた銘柄を個人的に初めて買ったのが、ベビー・子供衣料小売りの**西松屋チェーン（7545）**でした。この企業の株価は、あっという間に2倍になっています。

おそらく「ビギナーズラック」だったとは思いますが、それでも無意識のうちに、当時「デフレ」というテーマをとらえていました。つまり、デフレに合致する銘柄で「上場しての成長株」をたまたま見つけていたのです。

四季報読破を目的としないでページをめくっていなければ、こうした「大化け株」を見つけることができなかったのも事実です。もちろん、シートゥーネットワークの件は顧客からは大いに感謝され、四季報読破が仕事の結果にも直結することを実感しました。

西松屋チェーンは、証券不況のあおりを受けて山一證券が自主廃業（1997年）した「山一ショック」のあとで、大半の投資家がこのような「大化け株」が眠っていることに気づいていませんでした。

時代は、デフレという厳しい状況下で中小型の「大化け株」候補を探していた1998年後半から1999年にかけて、IPO（新規公開株を購入する権利）が上場したら軒並み10倍、20倍に値上がりするような「ITバブル」（2000年）が近づいていました。

その先頭を走っていたのは、ソフトバンクグループや光通信（9435）で、ほかの中小型の「大化け株」候補も実際、10倍、20倍は当たり前のように高騰を続けていたのです。

四季報はこうした銘柄を探し出すうえで、欠かせない情報を提供してくれます。しかし一方で、1冊2000ページをすべて読破するというのは非現実的なことも確かです。

掲載されている膨大な銘柄の中から、本当に成長株を見つけることができるのかと疑問に思う人もいるでしょう。ですから、ウラ読み術の第一歩としては、たとえば、現在の世の中の流れを考えて、次の3つの条件に見合った銘柄を見つける方法があります。

1. **AI（人工知能）、IoT（モノのインターネット）、スマホ、人材など、時流のテーマに乗っている。**
2. **最近、上場している（直近5年程度）。**
3. **成長株である。**

実は、これら3つの条件に見合った銘柄は、いわゆる大型株よりも中・小型株に多く見られます。おそらく多くの人が知らないような企業があり、そうした業種には【情報・通信業】【サービス業】【卸売業】【小売業】【不動産業】【その他製品】などがあります。
最近のIPOは今までの業種の順番とは別に、コードが空いているところに振り分けられるため【業種】とコードがリンクしていません。そこで3つの条件の銘柄は次のような番号に振られています。

【3つの条件に合った業種の証券番号】
○3400番台
○3900番台
○4380番～
○4420番～
○6000番台
○6165番～
○6530番～

○7148番～
○9260番～

ですから、あまり四季報に接していない方は、このあたりのページから見始めるとビギナーズラックに遭遇できるかもしれません。これなら、完全読破に要する労力の10分の1から15分の1ほどですむでしょう。

とにかく、まずは四季報をめくって、そこにどんな企業があるのかを知ることが、ウラ読み術の第一歩と考えてください。

読み込むことで企業のイメージを深化させる

このように、四季報は企業情報ハンドブックとして高い評価を得ています。日本株に投資するなら、常に手元に置いておきたいバイブルのような1冊です。創刊から80年を超えた今でも、株式投資のバイブルとして多くの投資家に愛用されています。

ただし、前もって指摘しておきたいことは、四季報を読破するといっても、漫然と見るのではなく読むポイントがあります。とくにコメントや評価欄、データ、チャートを読むことで、その企業の特徴が見えてきます。

私は、四季報を読破するに当たって、これを深化させていくイメージを持っています。**深く読み込んでいけばいくほど、企業の未来像がクッキリと見えてくる**といったイメージです。

もしあなたも四季報を読み込もうとするとき、最初はページをめくることから始めるだけでも十分です。自然体でページをめくっていると、そのうちいろいろな企業のことがバイアスもかからずに頭に入ってきます。

これは株式投資に限った話ではなく、ビジネスパーソンや社会人としての基本的な姿勢です。なぜなら、誰もが生きていくうえで何らかの形で上場企業と関係があるからです。

私が推奨する四季報の読み込みや読破は、掲載されている上場企業の歴史や現状、未来についてのイメージを深化させていくことです。

株式投資をしたい人は、事前に収集した投資指標などから見つけ出した銘柄をスクリーニングしたい場合、「四季報オンライン」のスクリーニング機能を利用したほうがはるかに便利です（143ページ参照）。しかし、それでは成長性の高い銘柄や個人的に関心が持てる銘柄などを見落としてしまう心配があります。

さらに、一時的な業績悪化によって経営指標が悪化している銘柄も投資の対象外にしてしまいがちです。

この点、時間に余裕のある人は四季報を読み進めていくことで、こうした「成長株」や「大化け株」を発掘できる可能性が高まるのです。

すでに株を持っている人は、手元にある四季報に付せんを貼るなどして保有銘柄の情報を再確認するのに活用できます。とくに分散投資で多くの銘柄を持っている投資家は、保有銘柄についての情報をつい忘れてしまいがちです。そこで、保有銘柄の企業情報を再確認するのに便利です。

テロや事故、利上げ、原油価格などの報道に敏感に反応する銘柄については四季報で定期的に事業の概要について読み直し、常に値動きに対処できる体制を整えておくことができます。四季報の読み込みを継続することで、企業に対する評価の変化をチェックすることができます。それを過去数号の四季報と見比べることで、いろいろなことが見えてきます。

たとえば、企業ごとに掲載されているコメント欄を複数号で見比べることによって、その変化をチェックします。コメントが次第に好意的に変化しているのに株価が割安に放置されている銘柄が見つかると、大きな利益を狙《ねら》える投資先として期待できるはずです。

さらに関心を持っている銘柄について過去の評価をたどっていくと、その企業についてより詳しく知ることができます。分散投資で保有割合を多くしたい銘柄については、最新号だけでなく過去の号もチェックすることで、会社の本質をしっかり把握しておくことが大事になってくるのです。

四季報を読んでいくとわかる4つの「知る」

四季報を読む目的は、次に4つのことに集約されます。

1. 企業を知る
2. 企業の歴史を知る
3. 企業の今を知る
4. 企業の未来を知る

四季報読破術のノウハウの特徴は、全上場企業をすべてカバーして分析することです。すべての業界のすべての企業の動きから、世の中全体の流れを把握することができるようになります（次ページ参照）。

つまり、ミクロの動きからマクロの動きがわかり、個別企業や業界の今後の見通しについて1歩も2歩も先んじてイメージできるようになるのです。

あなたも四季報を読み込むことで、さまざまなシーンで人とはひと味違った投資ができるようになるでしょう。

四季報を読み込むと、次のようなことが学べます。

○四季報を使った企業分析手法の基本が学べる。

○自分が選んだ上場企業を、競合他社との比較分析を含めて実践できる。

○株式に投資するときの銘柄選定の基本や、バリュエーションの基礎が学べる。

○四季報の活用方法の基本や裏ワザが学べる。

また、この四季報ウラ読み術は、こんな人にお勧めです。

四季報を読む目的

1. 企業を知る

➡自然体で理解する

➡社会人のマナーとしての知識を得る

2. 企業の歴史を知る

3. 企業の今を知る

➡過去から今への関連性を調べる

➡自分自身の仕事に役立てる

4. 企業の未来を知る

➡深読みし、未来への仮説を立てる

➡投資家として市場トレンドを見きわめる

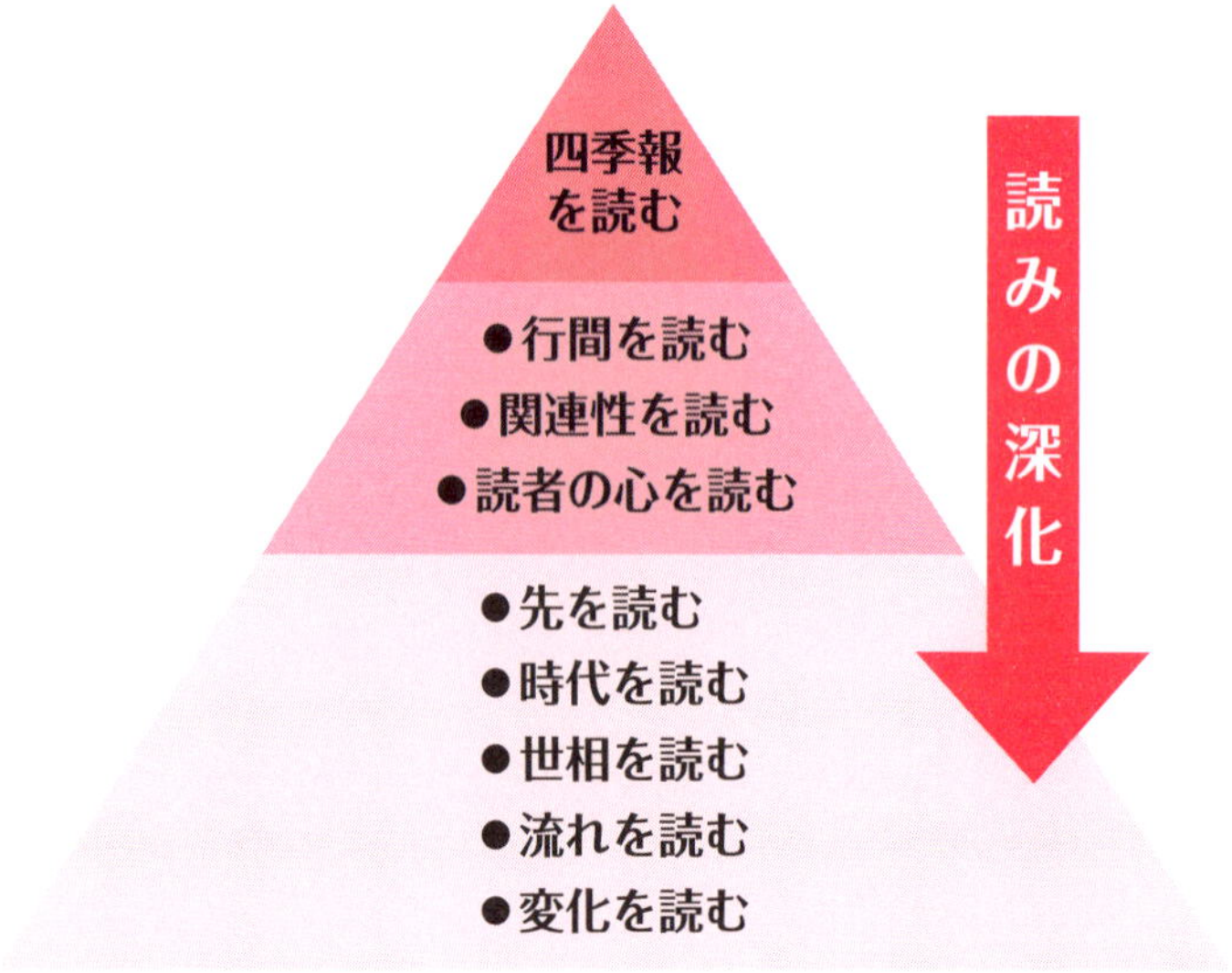

○企業分析や業界分析を学びたい人。
○株式投資の基本やコツを知りたい人。
○人より一歩先をいく経済シナリオや業界シナリオを知りたい人。
○会社経営のための景気や社会情勢の先行きを学びたい人。
○就職のための会社選びに四季報を活用したい人。
○老後や将来のために資産運用を学びたい人。

では、四季報の各企業欄から読み取れる、ウラ読み術を次章から述べていくことにしましょう。

第2章

「会社四季報」を読み始める前に知っておきたい裏ワザ

「会社四季報」に入る前に身につけたい指標感覚

四季報は、私が仕事で日頃使っている**「三種の神器」**と呼んでいるものの1つです。残りの2つは**「指標ノート」「新聞記事の切り抜き」**で、私にとってはなくてはならない存在です。この「三種の神器」は、誰でも簡単に利用できるもので、この3つの活用次第では、株式投資においても有効な武器となります。

四季報の説明の前に、残り2つの神器について簡単に触れておきます。

まず指標ノートですが、私は毎日、手書きの指標ノートに「日経平均」「TOPIX」「JASDAQ」「日本国債10年物」「NYダウ平均」「S&P500」「NASDAQ」「米国金利」「NY為替」「WTIの平均株価」の数字をノートに書き込んでいます（次ページ参照）。

毎日、数字を書き込むのは、日頃から数字の感覚をきちんと身につけておくためです。

そして、指標ノートに記載するとき、パソコンを使わずに筆記具で書き込むことを大切

三種の神器の1つ「指標ノート」

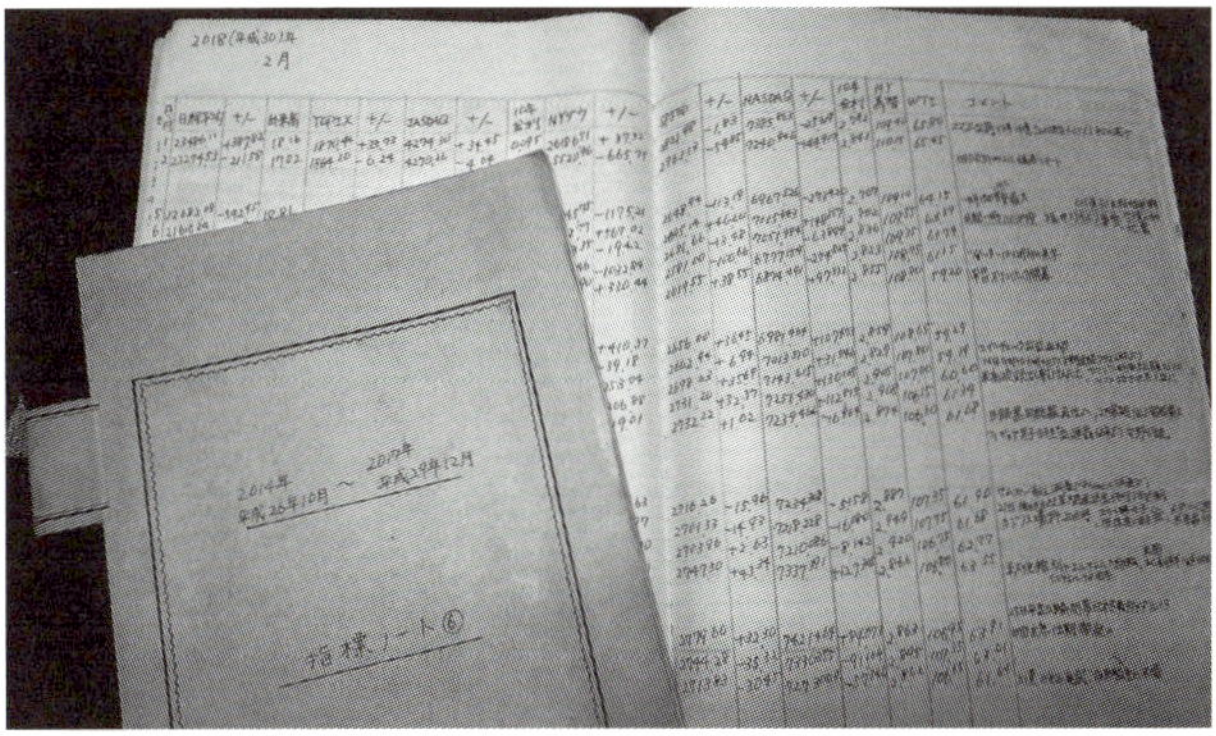

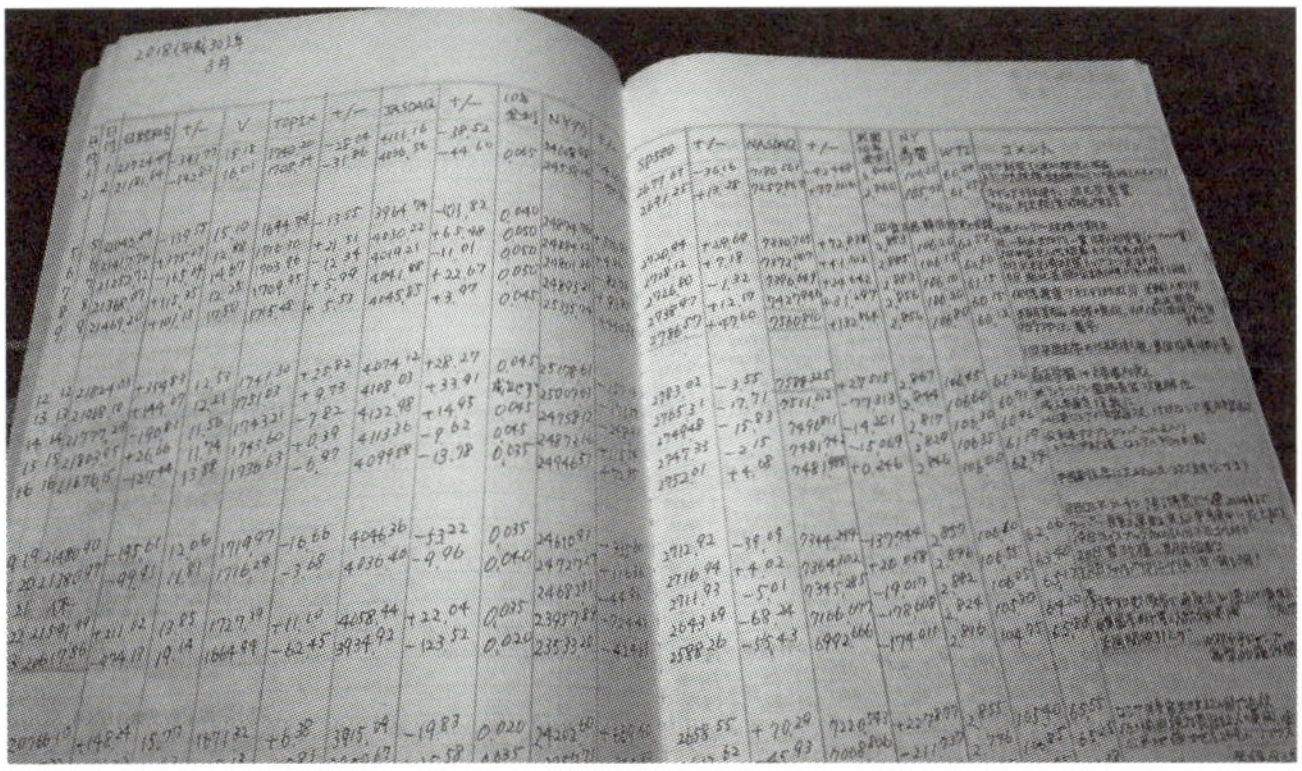

にしています。

つまり、手書きで指標ノートを作成することが大事です。その際、書き込む数字そのものには、実はあまり意味がありません。今の時代、こうしたデータはネットから一発でダウンロードすることができます。しかし、筆記用具で書き込めばコピペ（コピー&ペースト）ができません。だから、数字を肌感覚にまで落とし込むためにも手書きというアナログ的な手法が大切という考え方から行っています。

さらに、ノートの右端の欄に気になったキーワードや短いコメントを記します。たとえば、その日に印象に残ったこととして、「福井で37年ぶりの豪雪」「東京都心マイナス4度と48年ぶりの寒さ」「コインチェックNEM流出事件発生」などと書き込んでいます。

なぜ、こうしたコメントを書いておくかというと、あとで読み返したとき、個々のコメントの間につながりがあることが見えてくるからです。

たとえば、２０１８年2月6日の欄には、「福井で37年ぶりの豪雪」と書き込んでいますが、この日、福井県福井市が37年ぶりの豪雪に見舞われました。37年ぶりのことが起きるということは、さまざまな影響が出ていたはずです。

実際に、福井県では物流が止まりました。ドラッグストアを展開する「ゲンキー」という会社は同県に本社があり、県内でも店舗展開していますが、もし店舗が閉ざされ業績が悪化するとの懸念で株価が下落すれば、そこはチャンスで、なぜなら影響は一時的だからです。つまり、指標ノートに書き記した短いコメントがこうした「連想」につながっていきます。

2018年1月下旬、アメリカ東部は航空機が約4000便も欠航するような大寒波に襲われました。日本でも関東で4年ぶりの大雪、**東京都心部で48年ぶりの寒波**に見舞われました。地球環境は、まさに世界的な「異常気象」といった状況です。

こうした流れで世の中の動きを想像してみると、寒波での積雪と道路の凍結に備えて車のタイヤをスタッドレスにする人がたくさん出てくるはずです。日本では実際、ホームセンターでタイヤチェーンが売り切れるところもあったと言います。

また、同年1月26日、日経平均が大きく値を下げました。これには、**コインチェックのNEM流出事件**が影響していたと思われます。被害の大きさは、日本円で約580億円という仮想通貨史上最高額の盗難事件でした。

今後、さらに仮想通貨絡みの大きな事件があると平均株価が暴落し、リーマンショックと同様に〝仮想通貨バブル〟と呼ばれて歴史に名を残すかもしれません。

このように、**自然現象や経済活動には、ある種の「サイクル」があります**。そして、これらがいろいろと株価にもリンクしてくるのです。そうしたつながりを肌で感じ取るのに、指標ノートが役に立つということです。

そして、こうした連想からそれぞれの企業への影響を考えていく際に、実際には四季報へと落とし込んでいきます。

「会社四季報」に入る前に身につけたい独自の視点

私が四季報を見る際に、三種の神器としてもう1つやっていることがあります。

それは**新聞記事の切り抜き**です。私が日頃切り抜いているのは「日本経済新聞」と「東京新聞」です。「日本経済新聞」の切り抜きはもちろんですが、「東京新聞」にはかなり面白い情報が載っています。

その理由は、同じテーマでも「東京新聞」だけ違う視点から記事を書いていることが多いからです。実際に、指標ノートや四季報を活用するときでも、こうした独自の視点が大事になってきます。

たとえば、ペットボトルを相手に渡して、「ペットボトル以外に、何に見えますか?」と質問したとします。すると、これを横にして見た人は「ロケットに見える」と答えます。しかし同じペットボトルでも、これを底から見た人は「丸なので満月」と回答します。

こうした違いは新聞記事にもあり、同じ出来事を扱っていても「日本経済新聞」と「東京新聞」の記事の内容が違っているのは、見ている視点が違っているだけのことです。だから新聞を読むときは、こうした記事を**1つの視点だと思ってどう活用していくか**ということが大事なのです。

私は以前勤めていた野村證券時代、所属していた部署で毎朝のように行われていた「日経新聞・読み合わせ会議」という伝統的な「日課」を経験しました。

参加するメンバーは毎朝4時には起床し、「日本経済新聞」の読み込みを始めます。その際、読む範囲は1面トップ、経済教室、社会面、私の履歴書まで幅広いものでした。そして、午前6時40分に現場でスタートする新聞読み合わせ会議では、しっかり考えを整理して臨んでいました。

こうした読み合わせ会議では、進行役の先輩社員が「日本経済新聞」の1面トップ記事からページごとにアトランダムにメンバーを指名していきます。指名された部員には、進行役から記事に関する容赦《ようしゃ》ない突っ込んだ質問が浴びせられます。

各部員は非常に高い緊張感の中で、質問されると即座に記事の要点を述べなければなりません。また、それに関連する事柄、背景にある経済指標の動向、そこから連想される将来のシナリオにまで言及し、関連する企業を的確に選び出す必要があります。

まさに読解力だけでなく、想像力や展開力、素早いストーリーの構成力などが試される真剣勝負の「日課」でした。

「日本経済新聞」の読み合わせで大事なポイントは、以下のようなことでした。

○1面トップの記事を最初に取り上げる（住んでいる地域によって記事の内容が違っている場合がある）。
○記事について、まず「何が書いてあるか」を理解する（その記事が正しい、正しくないという議論はここではしない）。
○その記事の背景は何かを文中から探す（なるべく短い言葉としてとらえる）。
○文中や表に出てくる数字を把握する（とくにマーケット規模などは重要）。
○記事を理解したら、その記事に対して「自分の考え」をまとめる。

○質問された場合は「簡潔」に答える（15秒を目途）。
○わからない記事や新聞に出ていない大事な数字などはその日のうちに調べる。

こうしたことを継続する効果は、次のようなことです。

○業務に取り組む前に新聞の内容が整理されている（顧客と会話ができる）。
○物事を関連づけて考えるクセがつく（エクイティ・ストーリーの構成能力）。
○相手に簡潔な言葉で物事を伝える能力が身につく（伝える力）。
○面白いテーマや銘柄を見つけられる（銘柄ピックアップの能力）。

現在私は、この「日経新聞・読み合わせ会議」で体験したエッセンスを集約し、誰でも新聞が活用できるように独自に再編したワークショップを開いています（新聞の読み方については、総合法令出版から『日経新聞マジ読み投資術』が出版されていますので参考にしてみてください）。

このように、「日本経済新聞」を真剣なレベルで読み込むことができるようになると、さまざまなビジネスシーンで現在の社会情勢を読み通し、将来を展望したストーリーを描けるようになります。そして、人よりも一歩先んじた言動が取れるようになっていくのです。

ちなみに、こうした新聞記事の読み込みは、もちろん投資を行ううえでは欠かせませんが、投資をしていない人（またはしようと思っている人）でも、次のような活用法があります。

○新聞記事のネタを営業トークに活かしたい人。
○人より一歩先をいく経済シナリオや業界シナリオを知りたい人。
○会社経営のための景気や社会情勢の先行きを学びたい人。
○メディアが語らない記事の行間や背景を探る能力を高めたい人。
○経済用語の基本や、その使い方・分析方法を知りたい人。

新聞記事を行間まで読み込むには、目について気になった記事を切り抜いてストックすることをお勧めます。そして、切り抜きから養った独自の視点が、四季報のウラ読み術においおい役に立っていきます。

ミクロの積み重ねでマクロな全体が俯瞰できる

妄想が企業や事業を動かしている

企業を知るとは、その企業の成り立ちや経てきた歴史、継続性などについて知ることです。四季報には、それらが簡潔に記載されています。そして企業の歴史を知ることで、それぞれの企業の今の実態と未来像が見えてきます。

経済学では、ミクロの積み重ねをマクロと言います。これは、蟻塚をイメージするとわかりやすいと思います。１匹の白蟻が砂を１粒ずつくわえて何かを作っていますが、それだけを見ても何をやっているのかわかりません。

しかし、出来上がった最終的な姿を見ると、たくさんの白蟻が集まって作っていたものが大きな蟻塚だったことがわかります。

四季報で全上場企業のことがわかるということは、**ミクロなことを積み上げてマクロな**

ことに目を向けられるようになるということです。

日本経済をマクロ的に見ると、1人ひとりの仕事の積み上げが各企業の業績となって表れてきます。そして、すべての企業の業績の積み上げが日本経済の全体像を浮き彫りにしてくれるのです。

四季報に掲載されている約3700社の上場企業は、だいたいその業界での代表選手です。この代表企業のマクロな動きを見ることによって、業界全体の世界的な動向も見えてきます。

たいてい代表企業はグローバルな経済とつながっていますから、この動きを見ることによって世界経済の今の動向が何となく見えてくるのです。

未来を見るということは、先見性を持つということです。この点、四季報は四半期決算がない80年も前の時代に年4回の刊行というのは先見性がありました。これは、今後も未来を先見できるということです。

企業の未来を知るには、企業が進もうとしている先を読み、時代や世相の流れを読み、それぞれ変化を読み取っていくことが欠かせません。

四季報の行間、関連する情報を読むと、企業の歴史がわかり、現状を知ることができます。こうした作業は投資に限ったことではなく、普段の仕事での企画やマーケティングでも必要な能力です。その際、四季報作成に携わっている記者が着目している視点を読み取ることも必要です。

さらに企業の将来性、時代の潮流、世相の変化まで深読みしていくと、だんだん連想ゲームの世界に入り込んでいきます。これを続けていくと、最後には妄想の世界に没入していくことになります。**妄想の世界に没入した瞬間、とてつもないストーリーが生まれる可能性があります。**

こうした妄想が、実は事業や企業を動かしている部分でもあるのです。

気づきが大きな転換点を示唆している

1冊の四季報を読破することで、約350万文字の中に埋もれているキラリと光るひと言に気づくことがあります。私は、これを「気づき」という言葉で表現しています。上場企業約3700社について解説された何げない1つの言葉ですが、これが大きな転換点を示唆していることがよくあります。

この「気づき」が1つのヒントになって連想を続けていくと、やがて連想が妄想の域に達していくことがあります。これが、とてつもない株式投資の妄想ストーリーを生み出すことがあるのです。

投資家やクリエイターは、この作業で同じように深読みしています。そして「風が吹けば桶屋が儲かる」的な連想ゲームを続け、とてつもない「妄想ストーリー」さえ思いついているのです。

こうした視点で少し前の2018年新春号を読むと、キーワードで感じるテーマが見えてきます。

実際に、【見出し】ランキングは、①上振れ（148社）、②最高益（139社）、③続伸（126社）となっています（2018年秋号は最高益、続伸、反落の順）。

【見出し】以外では「中国」「海外」が500社以上、続いて「米国」が300社以上、「アジア」が200社以上で、これまで通り「海外展開」が大きなテーマであることには変わりがないようです。

海外展開以外では「提携」「人材」「M&A」「値上げ」などのコメントが多く、私の肌感覚で気になったコメント欄のテーマは、「周年」「増産」「ロボット」「TOB（株式公開買い付け）」などでした。コメントランキングで「TOB」は40位でしたが、新春号では目立っていました。

TOBが増えている理由は、世界的な金融緩和を背景にして買収資金の調達がしやすくなったからです。企業買収は今、生き残りをかけた戦略としてさまざまな業種に広がりつつあります。これに関するコメントとして、以下のようなものがありました。

○日立国際電気（6756）
米国KKRがTOB

○黒田電気（7517）
国内ファンドMBKが公開買い付け

○アサツー ディ・ケイ（9747）
ベンチャーキャピタルが公開買い付け

○日本ペイントホールディングス（4612）
同業の世界7位、米アクサルタ買収は取りやめ

日本郵政（6178）による野村不動産ホールディングス（3231）のTOBは幻に終わっていますが、このキーワードで連想できることは「純資産から見て割安銘柄に注目が集まる可能性がある」ということです。

世界的な金融緩和で資金は余っていますが、世界的な株高で業績面での「割安株」は減少しています。一方で、自己資本比率70%以上と高く、PBR1倍割れのような資金面から見た「割安株」は放置されてきたところがあります。これが今、投資対象として注目され、投資家の「連想買い」が入るかもしれません。

この点、土地含みが大の住友倉庫（9303）、大井競馬場を持つ東京都競馬（9672）の株価が上昇を見せました。眼鏡・コンタクトレンズなどの販売を行うチェーンストアを展開する愛眼（9854）は自己資本比率83・5%、有利子負債ゼロの好財務を誇っています。それで同社の株価は2017年4月の安値190円（PBR0・26倍）から同年12月の高値861円まで4・5倍も上昇しました。

バイアスがかかっていない記者の情報

証券会社の営業マンの話は、何かとバイアスがかかっています。この点、四季報の最大の特徴はアナリストではなく記者が取材した視点で構成されていることです。

証券会社の営業セールスの話はバイアスがかかっていることが少なくなく、鵜呑《うの》みにはできないところがあります。一方、四季報のコメントの特徴は、**プロのアナリストではなく編集部の記者が自分で取材した視点からコメントしているところ**です。

プロのアナリストは、投資情報で意見を述べるにしても、それが往々にして「利益率が低下」「株価が下落」といったことばかりになってしまいがちです。私は、アナリストの多くが「顧客が興味を引くような言葉」を省いて、代わりに専門用語を多用して意見を述べているように感じます。

私も証券会社に在籍していたからわかるのですが、証券会社のアナリストは必ず目標株価と合わせて意見を述べています。その意見を正当化するため、さまざまな指標の数値を使って理論で脇を固めることもあります。ですから、どうしても意見にバイアスがかかってしまうのです。

この点、四季報の記者は自分で実際に取材した中から言葉を選び、アナリストのように投資的な目線ではなく企業目線に立ってコメントしています。取材では、チャートや株価ではなく、**その企業の実態だけ**を見るそうです。だから、コメントに株価とリンクしたような感じがないのです。

個人投資家は、アナリスト情報を〝鵜呑み〟にせず、純粋な企業の立場に立って考えることが大事で、同様に四季報も当たる当たらない（＝信じる）ではなく「うまく活用する」ということが大切です。

「市場別決算業績集計表」で市場の平均をイメージする

四季報でまず見るべきものが、だいたい3ページあたりに掲載されている**「市場別決算業績集計表」**です。市場別決算業績集計表では、合計3300社、1部上場（1882社）、2部上場（485社）、JASDAQ（648社）、新興市場（257社）の前期比増減率を見ることができます（ただし、「新興市場はJASDAQを除く。営業利益は銀行・保険を含まない。合計には地方単独も含むとしています」）。

実は、この市場別決算業績集計表は大変貴重な資料でして、集計されたものは四季報毎号、前期比増減率として出た数値であるということです。つまり、四季報の記者がずっと積み上げた数字から出された増減比で、まさに四季報でなければ出せない数字なわけです。

この市場別決算業績集計表は積み上げられた平均値ですから、ここから市場の水準とい

市場別決算業績集計表（前期比増減率）（単位:%）

	決算期	合計（3300社）	1部（1882社）	2部（485社）	JASDAQ（648社）	新興市場（257社）
売上高	前期(実)	6.8	7.1	▲2.4	4.9	16.8
	今期(予)	4.7	4.7	1.5	5.0	23.9
	来期(予)	3.5	3.5	1.0	4.5	13.8
営業利益	前期(実)	13.3	14.2	▲24.9	12.6	5.5
	今期(予)	6.9	6.7	11.2	11.6	20.7
	来期(予)	6.0	5.8	7.9	11.6	27.7
経常利益	前期(実)	12.9	13.4	▲16.2	13.5	9.6
	今期(予)	6.8	6.6	13.3	10.8	19.1
	来期(予)	6.6	6.4	5.8	11.5	29.2
純利益	前期(実)	27.8	21.2	黒字化	17.5	16.7
	今期(予)	2.5	1.6	24.9	15.0	53.8
	来期(予)	4.5	7.2	▲65.7	10.9	40.7

注）新興市場はＪＱを除く、営業利益は銀行　保険を含まない。
合計には地方単独も含む

会社四季報 2018 年秋号

うのが見えてきます。

また、利益が伸びていることを増益、利益が減っていることを減益と言いますが、利益が平均を上回るのか下回るのかを見るときの比較平均がこれに当たるわけです。

とくに市場別決算業績集計表で大事なのが「売上高」と「営業利益」の2つで、今期（予）というところに着目します。

まず「売上高」ですが、売上が伸びていれば増収、減っていれば減収で、全体の売上高は4・7％の増収です。ただ、これはあくまでも全上場企業の水準であって、たとえばトヨタのような大型株と中・小型株では伸び率が違ってきます。そこで新興市場の売上高を見ると23・9％の増収となっています。つまりここでは、全体の水準と中・小型の違いをイメージすることが大切です。

営業利益も同じで、本業の利益と言われる部分ですから、本業がいいのか悪いのかということを比較する際の平均水準として使っていきます。第3章では営業利益率という稼ぐ力を測る際にも使っていきますから、会社の規模によって2つのスタンダードな数字があることをあらかじめイメージしておくのです。

こうした水準をつかんだあとに、もう1つ四季報ならではの資料が存在します。それが四季報次ページに掲載されている「【業種別】業績展望」です。

各業種の成績と言える「【業種別】業績展望」

各企業のページを見る前に、もう1つ見るべきポイントが四季報にはあります。それがおおよそ4ページから6ページ以降に掲載されている「【業種別】業績展望」です。この資料は、簡単に言ってしまえば、先ほどの市場別決算業績集計表をさらに業種別に示したものです（62〜63ページ参照）。

市場別決算業績集計表と同様、業種別の業績も積み上げによって集計されたものから増減率を出しており、２０１８年秋号を例にとると、前期は２０１７年７月期〜２０１８年６月期、今期予想は２０１８年７月期〜２０１９年６月期、来期予想は２０１９年７月期〜２０２０年６月期を対象に集計しています。

ここでは、先ほどの市場別決算業績集計表を業界全体の平均値とした場合、それを業種別に比べてみて、どの業種が伸びていて、どの業種が下降しているのかをつかむことができます（ただし、市場別決算業績集計表の合計との若干のずれがあり、平均値は表の下にある「金融を除く全産業」を平均にします。２０１８年秋号の場合ですと３３００社を対象としています）。

この【業種別】業績展望も見るべきポイントは「売上高」と「営業利益」の部分なり、個別の銘柄を検討する際の水準として比較したり、さまざまなバリエーションの数字を出す際に使用します。

以上の２つの表は、次章からのウラ読み術に何度も登場しますので、頭の中でイメージしておいてください。

経常利益 今期予想合計額(億円)	前号比増減率(%)	前期比増減率(%) 前期実績	今期予想	来期予想	純利益 今期予想合計額(億円)	前号比増減率(%)	前期比増減率(%) 前期実績	今期予想	来期予想	集計社数	業種
15,739	(▲1.6)	2.5	2.3	4.7	10,645	(▲2.0)	5.9	0.7	4.3	111	食料品
3,895	(▲1.2)	9.0	4.9	8.1	2,600	(▲0.2)	8.9	5.3	4.0	52	繊維製品
2,115	(3.0)	▲7.8	29.1	9.3	964	(4.7)	▲16.1	5.5	44.8	24	パルプ 紙
34,966	(2.3)	19.8	5.3	6.3	23,674	1.9)	17.6	6.0	6.2	186	化学
13,321	(4.0)	5.5	7.4	6.9	10,257	(3.7)	15.0	4.8	3.3	55	医薬品
4,321	(36.1)	44.7	16.6	▲17.7	2,270	(27.6)	53.6	▲12.1	▲12.4	9	石油 石炭製品
5,771	(▲7.0)	▲7.0	1.7	7.3	4,156	(▲3.4)	18.6	7.7	6.0	17	ゴム製品
7,213	(5.6)	31.7	23.7	5.3	5,092	(4.9)	48.0	30.6	▲0.9	51	ガラス 土石製品
5,101	(6.3)	98.0	7.6	9.3	3,754	(8.9)	120.1	8.5	5.0	41	鉄鋼
5,524	(▲1.4)	10.8	5.5	3.7	3,308	(▲1.5)	12.7	7.7	4.4	29	非鉄金属
5,107	(▲1.1)	11.6	7.8	8.8	3,378	(▲1.3)	▲3.0	26.8	9.6	93	金属製品
21,979	(0.9)	27.3	12.3	8.3	14,762	(0.7)	32.5	11.5	8.0	207	機械
56,986	(2.1)	25.5	19.8	4.3	47,864	(1.2)	231.8	30.0	▲16.5	220	電気機器
70,744	(4.9)	13.9	▲1.7	4.3	51,670	(4.8)	38.9	▲13.6	3.2	80	輸送用機器
3,770	(4.6)	18.7	9.5	7.5	2,725	(5.4)	24.1	6.2	7.1	46	精密機器
7,546	(▲0.0)	41.7	7.4	19.5	5,062	(▲0.0)	19.5	1.5	18.1	104	その他製品
264,105	(2.8)	18.0	7.4	5.5	192,188	(2.5)	45.5	5.0	▲0.3	1325	製造業
703	(▲1.6)	▲0.1	▲5.0	3.8	475	(0.5)	8.4	▲0.7	3.0	10	水産 農林業
4,877	(23.4)	17.1	19.4	9.9	683	(3.6)	▲66.4	233.6	68.5	6	鉱業
24,847	(▲0.4)	9.1	5.5	4.8	16,723	(▲0.3)	12.2	4.9	4.2	144	建設業
11,682	(▲3.0)	11.5	▲4.0	12.9	8,846	(▲3.2)	24.8	▲8.9	11.8	23	電気 ガス業
23,688	(0.6)	5.0	2.4	2.3	15,447	(▲0.5)	1.1	4.5	3.8	60	陸運業
742	(▲27.8)	黒字化	▲7.0	95.0	705	(▲18.9)	黒字化	47,562.2	35.7	12	海運業
3,164	(0.0)	6.0	▲3.6	4.1	2,138	(0.0)	6.3	▲24.2	3.7	4	空運業
1,188	(0.3)	6.9	4.9	4.2	794	(1.3)	67.9	2.5	2.9	35	倉庫 運輸関連業
38,308	(5.0)	▲6.4	36.5	21.2	23,326	(1.5)	▲10.3	▲9.7	40.2	380	情報 通信業
41,378	(3.1)	25.3	9.2	5.0	29,600	(3.4)	29.7	9.3	5.0	316	卸売業
26,458	(▲0.8)	10.1	6.7	7.9	14,713	▲0.9)	20.2	10.9	8.7	309	小売業
14,735	▲0.7)	9.7	5.6	7.7	9,835	(▲1.5)	14.6	5.0	5.7	116	不動産業
24,632	(3.4)	12.8	▲2.0	2.0	14,395	(2.8)	74.9	▲2.1	1.9	398	サービス業
216,407	(1.8)	10.1	8.9	8.6	137,686	(0.6)	18.2	2.0	11.7	1813	非製造業
480,513	(2.4)	14.3	8.1	6.9	329,875	(1.7)	32.5	3.7	4.7	3138	金融を除く全産業
49,363	(▲0.8)	8.3	▲6.5	4.7	34,348	(▲0.3)	0.6	▲6.6	3.4	84	銀行業
3,747	(▲7.9)	34.5	▲1.9	8.2	2,627	(▲10.6)	31.4	▲8.1	7.1	37	証券業
16,094	(▲0.1)	▲15.1	20.9	2.1	10,324	(▲0.1)	6.7	1.0	2.0	10	保険業
10,694	(1.0)	22.8	3.5	5.8	7,609	(0.9)	39.4	1.6	5.2	31	その他金融業
79,900	(▲0.8)	6.0	▲0.4	4.5	54,909	(▲0.6)	6.8	▲4.3	3.6	162	金融
560,413	(1.9)	12.9	6.8	6.6	384,784	(1.3)	27.8	2.5	4.5	3300	全産業

を優先。ただし、決算期変更企業、連結決算方式変更企業、上場企業の子会社は除く。銀行、保険の営業利益は集計していない。 **2018年4集**

会社四季報 2018 年秋号

【業種別】業績展望＞＞

業種	集計社数	売上高 今期予想合計額（億円）	売上高 前号比増減率（%）	売上高 前期比増減率（%） 前期実績	今期予想	来期予想	営業利益 今期予想合計額（億円）	営業利益 前号比増減率（%）	営業利益 前期比増減率（%） 前期実績	今期予想	来期予想
食料品	111	206,718	(0.0)	6.7	4.0	3.1	15,527	(▲1.7)	3.0	3.6	5.0
繊維製品	52	61,510	(1.8)	5.4	6.6	4.1	3,827	(▲2.6)	11.5	2.9	9.7
パルプ 紙	24	50,526	(0.1)	5.3	3.7	2.2	2,156	(1.7)	▲17.5	36.6	9.4
化学	186	342,924	(0.4)	8.7	6.0	4.2	34,196	(2.0)	17.5	6.5	6.6
医薬品	55	90,884	(0.8)	3.2	1.4	16.4	13,029	(3.1)	7.7	7.3	13.3
石油 石炭製品	9	80,462	(8.0)	13.2	15.8	▲4.4	4,062	(35.0)	29.9	18.6	▲17.9
ゴム製品	17	56,639	(▲2.0)	9.7	1.7	4.0	6,014	(▲6.1)	▲6.4	2.1	6.5
ガラス 土石製品	51	69,719	(0.5)	8.9	7.4	5.0	7,303	(2.8)	25.8	25.8	6.0
鉄鋼	41	93,443	(1.0)	13.0	7.7	4.6	5,151	(4.4)	91.3	1.9	9.5
非鉄金属	29	101,127	(0.0)	12.9	3.8	2.7	5,256	(▲1.5)	15.1	▲2.4	3.9
金属製品	93	80,476	(0.1)	3.0	4.9	3.2	5,033	(▲1.7)	8.9	9.5	9.2
機械	207	225,851	(0.4)	11.8	5.5	4.3	22,406	(0.9)	25.0	13.1	7.2
電気機器	220	736,667	(0.6)	6.3	2.9	3.0	54,967	(0.8)	17.2	18.3	6.2
輸送用機器	80	967,477	(0.6)	7.4	1.9	2.7	63,337	(3.3)	11.3	▲1.2	4.8
精密機器	46	32,127	(0.7)	8.9	5.2	4.0	3,798	(4.5)	19.6	9.9	7.5
その他製品	104	98,891	(▲0.1)	9.7	4.5	4.1	7,386	(0.0)	41.1	11.5	13.6
製造業	1325	3,295,446	(0.6)	7.8	3.8	3.5	253,457	(1.8)	15.2	7.8	6.3
水産 農林業	10	21,102	(▲0.0)	6.0	1.5	1.2	658	(▲2.0)	▲1.7	▲2.4	4.1
鉱業	6	15,057	(7.6)	8.6	5.8	4.1	4,756	(21.7)	8.7	25.2	6.5
建設業	144	334,694	(0.1)	4.0	5.9	3.6	24,240	(▲0.4)	7.2	6.8	4.9
電気 ガス業	23	257,349	(0.5)	8.5	4.6	2.3	13,015	(▲2.9)	6.8	▲4.3	4.8
陸運業	60	232,234	(0.6)	3.7	3.3	2.4	25,101	(0.6)	4.7	2.7	2.3
海運業	12	40,627	(▲0.2)	11.7	▲24.3	1.5	557	(▲36.5)	黒字化	▲31.1	103.5
空運業	4	35,603	(0.0)	9.8	4.2	3.9	3,345	(0.0)	7.2	▲2.6	3.9
倉庫・運輸関連業	35	21,292	(0.6)	5.9	3.3	2.8	1,078	(0.5)	5.0	5.3	4.7
情報 通信業	380	287,239	(0.2)	4.2	3.9	3.0	37,757	(4.5)	13.3	2.3	3.1
卸売業	316	877,124	(8.5)	9.4	12.9	4.7	28,632	(3.3)	15.4	17.1	7.5
小売業	309	558,391	(▲0.0)	4.1	4.9	3.9	25,941	(▲1.0)	7.0	8.9	8.1
不動産業	116	127,953	(▲0.3)	7.7	9.6	6.8	16,065	(▲0.5)	8.8	7.0	7.1
サービス業	398	323,131	(0.2)	3.5	5.1	2.0	16,652	(2.5)	9.9	5.3	6.4
非製造業	1813	3,131,799	(2.4)	6.1	6.5	3.7	197,802	(1.4)	10.1	6.1	5.6
金融を除く全産業	3138	6,427,245	(1.5)	7.0	5.1	3.6	451,259	(1.6)	12.9	7.0	6.0
銀行業	84	241,671	(▲0.0)	4.4	0.1	1.4	—	(—)	—	—	—
証券業	37	17,438	(1.5)	19.5	4.6	3.6	3,480	(▲8.2)	37.8	▲1.9	8.9
保険業	10	230,666	(0.0)	4.2	▲1.5	2.6	—	(—)	—	—	—
その他金融業	31	81,371	(0.5)	6.3	4.3	5.9	9,363	(1.1)	26.8	4.4	6.6
金融	162	571,147	(0.1)	5.0	0.2	2.6	—	(—)	—	—	—
全産業	3300	6,998,393	(1.4)	6.8	4.7	3.5	464,103	(1.5)	13.3	6.9	6.0

2018年４集　『会社四季報』今号掲載会社で、今期・来期の予想および実績２期分がある企業の業績を集計。実績・予想とも連結決算の数値

世界最大の投資家、ピーター・リンチと四季報活用

リンチが唱えたテンバガー株（10倍株）

世界最大の投資信託「マゼラン・ファンド（フィディリティ・マネジメント）」を育て上げたピーター・リンチという人物がいます。彼は米国が20世紀に生んだ3大投資家のうちの1人（ほかウォーレン・バフェットとビル・ミラー）と言われていて、株式投資では成功するためには「テンバガー（10倍株）を見つけることが最高の目標だ」と述べています。

もともとテンバガーという言葉が日本で知られるようになったのは、彼の『ピーター・リンチの株で勝つ』（ダイヤモンド社）という本が1990年に出版されてからのことですが、そこに何が書いてあったかというと、株価が10倍になる銘柄のことをテンバガーと言っていたわけです。

彼はいったい何者なのかというと、これは2001年11月号の『ダイヤモンドzai』の記事を見ると次のように解説されています。

彼は1977年から1990年の13年間、フィディリティ投信のマゼラン・ファンドという旗艦ファンドを運用していたファンド・マネジャーで、彼の活動した13年間のニューヨークダウが3倍にしかなっていないのに、マゼラン・ファンドはなんと28倍になったのです。

そのため、当時世界ナンバーワンのファンド・マネジャーと呼ばれたのですが、彼の投資をしている株は1400銘柄もあり、「とりあえずちょっとだけ買ってみる」というのが非常に重要だと言っています。

そして、「失敗してもいいからテンバガーを見つけよう」とも言っています。なぜ彼のファンドが28倍にもなったのかは「よく知られていなかったり、人気がなくなっているが、業績のいい株を見つけて調査したことが大きい」ということです。それは「10銘柄中9銘柄が値下がりしても、1銘柄が10倍になれば、ほかの損失を埋められる」ということで、彼は**「個人投資家も私と同じ戦略で利益が得られると確信している」**とも言っているのです。

たとえば、あなたが20銘柄ほど株を買うとすると、これらを等金額で分散していくと1銘柄当たり投資額の5％を入れることになりますが、仮にその会社が破綻《はたん》してゼロになったとしても、ファンド全体に当たるインパクトはマイナス5％ということになります。ところが、20銘柄の1つでもテンバガーになると、トータルでファンド全体非常にパフォーマンスが上がる、というようなことをリンチは言っています。ですから、失敗してもいいから10倍株を見つけようと。

そう言われると「いやそんな難しい銘柄どこにあるんだ」という話になりますが、それについても彼は「実はものすごく身近なところにある」と言っていて、**「まずは自分の働く業界の変化や消費者としての情報を意識的に利用すれば、誰もが10倍になる株を見つけられる」**と言うのです。この考え方がかなり大事です。

ちなみにウォール街では10倍になる株のことをテンバガーと呼びますが、これは満塁ホームランを「フォーバガー」と呼ぶところからきており、野球のベースをバッグと言って、10のベース分の「2本の満塁ホームランに、さらに2点を加える」という意味で、いかにすごいかということを表現しています。

さて、そのテンバガーがどこから生まれるかですが、『ダイヤモンドｚａｉ』の記事に

「小型の成長株や業績回復株を買いなさい」と明確に書かれていますが、その成長株の〝成長〟とは何か、これが難しいのです。その際に四季報を使えば、企業がどのように成長しているかがわかり、かつどのように成長していくのかをたどることができるというわけです。

リンチが教える投資法と四季報のウラ読み術

ピーター・リンチは、「なぜその企業の株を買うのかという理由を紙に書き、６カ月の予想状況、株価の変化を確認する」と言っています。そして、「株価が上がるからは買う理由にならない。会社としてのいい点が２つ３つあって買いたくなる。そういう理由があるはずだ」と喝破《かっぱ》しています。

そして、こういったものは買い物をする場所、働いている場所、住んでいる場所によい会社を見つける最初にヒントがあると、ここでも自分の身近にそういう株はあるのだと語っているのです。

つまり、見つけた後にしっかり捜査することが常に必要で、株を買うときにも同じことをすべきなのです。どういうことかと言うと、たとえば２００万円で車を買う場合は、おそらく相当調べてから購入を決めると思いますが、株を２００万円買う場合、なぜかこのときは誰かがこの株はお勧めですと言ってすぐ乗ってしまう。ですから、リンチはこれを戒めているわけです。

リンチが言うところによれば、株を買った企業は2、3カ月に1度はチェックする必要があります。よく株式を初めてやろうと思っている方は、1日中株価を見ることができないと言いますが、毎日株価を見る必要はなく、2、3カ月に1回チェックすればいいということです。

つまり2、3カ月に1度ということは、1つには企業が3カ月ごとに決算をしますから、まずこれを確認すればいい。そして、**四季報も3カ月ごとに発売されますからこれをチェックすればいい**ということになります。

まさに、リンチの言うことに四季報は最適だということなのです。

2、3カ月ごとに行うチェック項目は、競合の状況の変化や成長の場所がどこにあるか、その会社が全体として何をやっているかを理解することです。リンチはこれを、12歳の子どもでもわかるように、会社が何をやっているか3分以内で説明できることだと言っています。

本書とは少し内容がズレますが、株価の売り時についても非常にわかりやすく語っていて、それは「株価が悪くなったときが売り時でない。売り時は自分が考えていたストーリーが崩れたときである」と言っています。

ここで、私が四季報読みを続けてきたことと同じ重要なことを述べています。それは**「株価を見るのは時間の無駄、会社を見るべきだ」**と。リンチは、よい株だというときには3年5年という単位で考えていました。しかし、なんでも長く持つのではなく悪い企業（経営や業績）はできるだけ早く売ると考えていたのです。こうした考え方は、まさに本書で解説する私の考え方と同じです。

つまり、四季報であなた自身が買いたい株をいくつか見つけ、あなたが描いたストーリーに沿って企業を定期的にチェックしていき、そのストーリーが崩れたときにはその株を売るということなのです。

では、そのようなテンバガー株に出会うことができるのか、最後にリンチの『ピーター・リンチの株で勝つ』という本の総論を述べておきましょう。

この総論はかなりズバズバ書いてあり、第1のルールは「もはやプロの言うことに惑わされるな」ということです。たとえば、投資の世界に20年以上携わってきた私があなたに株を推奨したとしてもそれを鵜呑みしないで、1度聞いたことをしっかり考えるということです。私も野村證券に23年いましたが、まったくその通りだと気づいたわけで、普通の人でも少し頭を働かせれば平均的なウォール街の専門家以上にうまく投資できることが、四季報を通してわかってきたのです。

言い換えれば、話題の銘柄や証券会社の推奨銘柄、専門誌の今週の銘柄などは無視して、自分自身の調査に基づいた投資をするべきだということです。これはリンチ自身も言っていることですから、あなたも少し意識的に自分の仕事や近所の商店街で起こっていることを見るだけで、ウォール街が気づくよりずっと以前にすごい銘柄を見つけることができるのです。

そして、これはアメリカ人のリンチらしい言葉ですが、「まずは街に行ってドーナツを食べることが基礎的調査の第一歩である」と述べています。こうした行動は非常に大事で、もし気になるものがあったら、その場所に行って買ってみて、触ってみて、体験してみることです。

四季報もこれと同じで、気になった会社があればいいところを調査して、自分のストーリーに合っていたら、まずは少しでも買ってみる。**いわゆる世間が言っているやり方というものを無視して、新しい思考で考えてみよう**というのが、この『「会社四季報」最強のウラ読み術』であなたに体得してほしいことなのです。

さあ、それでは次章で実際に四季報をどう読んでいけばいいのか、四季報のウラ読み術を解説していきましょう。

第3章

5つのブロックだけを見る、「会社四季報」ウラ読み術

「会社四季報」ここだけ見ればいい5つのブロック

損益計算書（P／L）や貸借対照表（B／S）などの決算書は、いわば会社の成績のようなものです。そこに記載された数字は、人にたとえると年齢や身長、体重、IQ、受けたテストの点数のようなものです。しかしそれが、その人のすべてを表しているわけではないように、決算書の数字もまた、会社のすべてを表しているわけではありません。

たとえば会社の採用で、さまざまな試験から、現段階での成績は悪いけれども将来に期待できる人がいます。言い換えれば、こうした成果がハッキリと読めない定性的なことを想像することも、実は人の評価では欠かせないことです。

このことは、企業の評価にしても同様です。

そこで四季報には、決算書では見えない定量的な評価が見えてきます。そして、決算書も含めて、四季報の企業ごとの記述は、AブロックからNブロックまで細かに分かれています。このブロックの意味については、四季報の中できちんと解説されています。

【四季報の14ブロック】

A　**【証券コード・社名】**

証券コードおよび欄外の【業種】は証券コード協議会により決まり、業種は東証33業種に分類される。会社名は原則として登記社名。70%の企業は3月決算。【設立】は原則「株式会社」として登記した年月（創業は事業〈商売〉を始めた年）などが掲載。

B　**【業績予想記事・材料記事】**

四季報編集部（記者）による独自の視点のコメント欄が2つ掲載。最初のコメント欄は原則として今期予想についてだが、決算期末が近い号では来期予想。2つ目のコメント欄には、企業評価の手がかりとなるような材料について、会社の中期的な成長に関するトピックス、会社が抱える課題などが掲載。

C　**【本社〜販売先】**

【本社】（実質上の本社所在地（登記簿上の「本店」とは違う）、支店・工場・店舗、【従業員】（有価証券報告書に記載される直近の従業員数と平均年齢、平均給与が掲載されている）、【証券】（「上」は上場市場名、「幹」は幹事証券会社、「名」は株主名簿管理人、「監」は会計監査人）、【銀行】（主取引銀行いわゆるメインバンク）、

【仕入先】【販売先】が掲載。

D【株主・役員・連結子会社】

【株主】（決算期末における株主名簿上位株主10人。「○×信託口」は主に国内年金もしくは投信、外国名の銀行は海外投資家と考えてよい）、【役員】【連結】（主な連結子会社社名）が掲載。

E【株式・財務・キャッシュフロー】

【株式】（発行済株式数で、原則優先株は除く。「貸借」は貸借銘柄、「優待」は四季報巻末一覧に株主優待の具体的内容があることを示す。時価総額はNブロックに記載されている株価と発行済株式数を掛けたもの。「225」は日経平均採用銘柄であることを示す）。

【財務】四季報に掲載されているバランスシートの項目。【指標等】はRoE（Return On Equity＝自己資本利益率）、RoA（Return On Assets＝総資産利益率）、【キャッシュフロー】は営業キャッシュフロー、投資キャッシュフロー、財務キャッシュフロー等が掲載。

F【資本移動】

増資、減資、合併、株式交換、株式分割による発行済株式数の推移が記載。

G【株価】株式上場以来の株価が掲載。

H【特集企画】各号によって毎回変わる。

I【業種・比較会社】

【業種】東洋経済業種分類による業種名。【比較会社】当該企業と同業、あるいは類似業種の上場企業を1～3社掲載（東洋経済が独自に選考。編集方針により変更もある）。

J【業績】

売上高、営業利益、税引前利益、純利益、1株当たりの利益、配当などが掲載。

K【配当】予想配当利回り（予想1株配÷株価×100〈%〉）、1株純資産（純資産÷期末発行済株式数）が掲載。

L【業績予想の修正記号】

四季報営業利益予想と前号の予想を比べ、変化の傾向を示す矢印が掲載。

M【独自予想マーク】

四季報営業利益予想の乖離《かいり》が大きいことを示すマーク（にこちゃんマークのような）が掲載。

N

【株価チャート・株式指標】

3年強（41カ月）分のチャートを月足で記される。株価指標には予想・実績PER、実績PBR、株価（日付時の株価）、最低購入額などが掲載。

以上が、四季報に掲載されている正式なブロックになります。

しかし、すべてを見ることは、かなりの時間と分析が必要で、最初からすべてを見ていたら大変です。そこで、私が長年読破してきた経験から、傍線を引いた5つのブロックを見ていくことをお勧めします。

必ず読んでおかないといけないブロックを説明すると、**Aの会社名、事業内容、Bのコメント（足元と将来の状況）、Eの貸借対照表（B／S）、キャッシュフロー、Jの損益計算書（P／L）、Nのチャートと株価指標**です。

覚え方は、A、B、E、J、Nで「安倍ジャパン（ABEJAPAN）」です。これで覚えると、もう忘れません。

私は、企業には「法人格という人格」があると思っています。企業全体を定性的に評価しようとするとき、これは1つのツールになります。「ABEJAPAN」はまさに、この企業の人格をポイントにできる道具（ブロック）なのです。

会社四季報の紙面構成

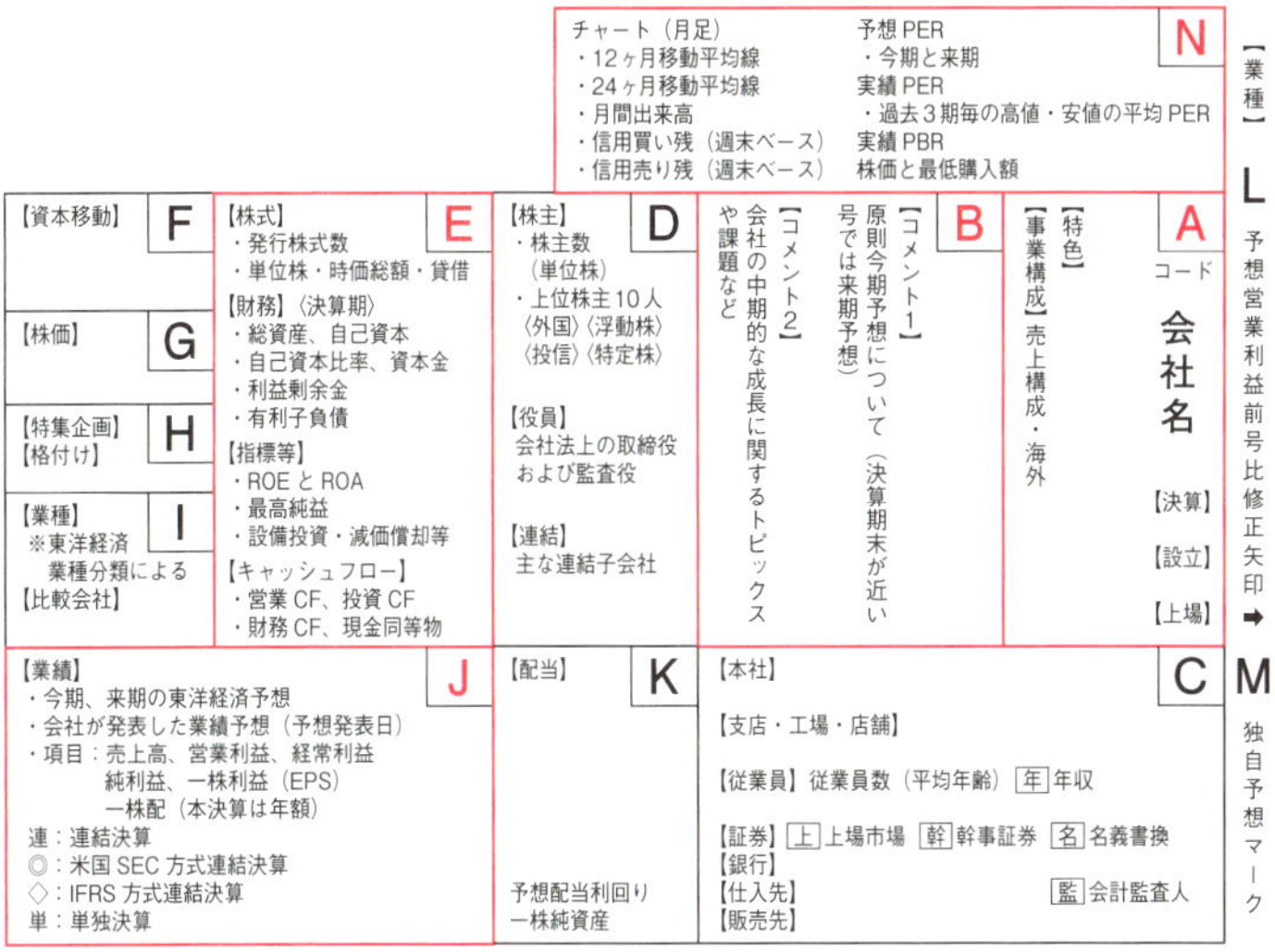
N
チャート（月足）
・12ヶ月移動平均線
・24ヶ月移動平均線
・月間出来高
・信用買い残（週末ベース）
・信用売り残（週末ベース）
予想PER
・今期と来期
実績PER
・過去３期毎の高値・安値の平均PER
実績PBR
株価と最低購入額
【業種】
L
予想営業利益前号比修正矢印➡
M
独自予想マーク
A
コード
会社名
【決算】
【設立】
【上場】
【特色】
【事業構成】売上構成・海外
B
【コメント1】
原則今期予想について（決算期末が近い号では来期予想）
【コメント2】
会社の中期的な成長に関するトピックスや課題など
D
【株主】
・株主数（単位株）
・上位株主10人
〈外国〉〈浮動株〉〈投信〉〈特定株〉
【役員】
会社法上の取締役および監査役
【連結】
主な連結子会社
E
【株式】
・発行株式数
・単位株・時価総額・貸借
【財務】〈決算期〉
・総資産、自己資本
・自己資本比率、資本金
・利益剰余金
・有利子負債
【指標等】
・ROEとROA
・最高純益
・設備投資・減価償却等
【キャッシュフロー】
・営業CF、投資CF
・財務CF、現金同等物
F
【資本移動】
G
【株価】
H
【特集企画】
【格付け】
I
【業種】
※東洋経済業種分類による
【比較会社】
J
【業績】
・今期、来期の東洋経済予想
・会社が発表した業績予想（予想発表日）
・項目：売上高、営業利益、経常利益
純利益、一株利益（EPS）
一株配（本決算は年額）
連：連結決算
◎：米国SEC方式連結決算
◇：IFRS方式連結決算
単：単独決算
K
【配当】
予想配当利回り
一株純資産
C
【本社】
【支店・工場・店舗】
【従業員】従業員数（平均年齢）年 年収
【証券】上 上場市場　幹 幹事証券　名 名義書換
【銀行】
【仕入先】
【販売先】
監 会計監査人

Aブロック（証券コード・社名）のウラ読み術

正確な企業情報を確認しよう

Aブロックはざっくり言ってしまえば自己紹介になります。つまり次ページ、2018年秋号のハウス食品の例で言えば、「名前は2810番、ハウス食品グループ本社で、生まれ（設立）は何年、食料品メーカーをやっております」という、まさに企業紹介の欄です。

そのほかに、【特色】【連結事業】【海外】（海外事業を展開している場合）が掲載されていて、ハウス食品の【特色】欄を見ると、「カレールウでは国内首位」「飲料、健康食品も手掛けている」「海外ではアメリカで豆腐が販売の柱である」「中国でも市場を育てている」「子会社にCOCO壱番屋がある」ということがわかります。

この【特色】欄は定性評価で、会社の強みというべきものが掲載されていて、とくに注目すべき点は、**世界首位とか業界首位、シェアが1位、高い技術といったキーワード**です

Aブロック
証券コード・社名

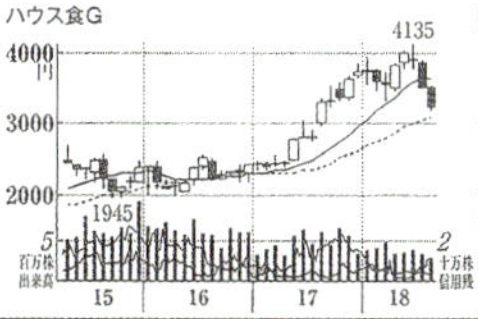

株価指標
予想PER　（倍）
〈19.3〉　33.9
〈20.3〉　32.3
実績PER
高値平均　36.7
安値平均　24.8
PBR　1.34
株価(8/27)
3300円
最低購入額
33万円

2810
ハウス食品《しょくひん》グループ本社《ほんしゃ》
【決算】3月
【設立】1947.6
【上場】1971.7

【特色】カレールウ国内首位。飲料、健康食品も。海外は米国豆腐が柱。中国育成中。子会社に壱番屋
【連結事業】香辛・調味加工食品46(9)、健康食品11(3)、海外食品8(12)、外食18(0)、他食品関連17(3)【海外】12〈18・3〉

【連続増配】柱の国内加工食品はレトルトが前期反動で軟調だが、ルウ主力品で販促効き横ばい維持。海外は中国で拡大・深耕進み、米国の豆腐も業務用販路拡大し伸びる。下期重い広告販促費こなし増益続く。
【本格参入】これまで業務用のみだった乳酸菌事業を消費者向けにも拡大、飲料に加えルウや菓子などにも横展開。好調続く「1日分のビタミン」ゼリーは派生品展開。

年月	【資本異動】	万株
83. 1	無1：0.1	8,392
84. 1	無1：0.1	9,231
94. 5	分1→1.1	11,391
14. 7	消却	10,275

東証	高値	安値
71~16	3000(89)	**615**(74)
17	3870(12)	2352(1)
18.1~8	**4135**(6)	3210(8)

	高値	安値	出来万株
18. 6	**4135**	3785	398
7	3900	3520	345
#8	3575	**3210**	325

【成長力】2.8%　5期年率6.8%
利益率5.6%　5期平均4.5%
【四半期進捗率】3期平均18.7%
今期25.4%(+6.7%)

【業種】食品
時価総額順位　14／168社
【比較会社】2811 カゴメ，2809 キユーピー，2805 エスビー

【株式】7/31　102,758千株
単位 100株　貸借　優待
時価総額　3,391億円
【財務】〈連18.6〉　百万円
総資産　377,812
自己資本　252,573
自己資本比率　66.9%
資本金　9,948
利益剰余金　188,918
有利子負債　6,537
【指標等】　〈連18.3〉
ROE　3.8%　予4.0%
ROA　2.5%　予2.6%
調整1株益　一円
最高純益(16.3)　22,632
設備投資　106億　予130億
減価償却　91億　予 90億
研究開発　39億　予 ‥億
【キャッシュフロー】　億円
営業CF　236(212)
投資CF　▲137(▲21)
財務CF　▲53(▲73)
現金同等物　602(555)

【株主】単61,713名〈18.3〉　万株
ハウス興産　1,258(12.2)
(株)ＨＫＬ　670(6.5)
三井住友銀行　366(3.5)
日本トラスティ信託口　293(2.8)
日本マスター信託口　291(2.8)
公益財団法人浦上食品・食文化振興財団　290(2.8)
味の素　269(2.6)
ハウス恒心会　222(2.1)
浦上節子　201(1.9)
日本生命保険　184(1.7)
〈外国〉11.4%　〈浮動株〉13.3%
〈投信〉 3.8%　〈特定株〉40.5%
【役員】(社)浦上博史 (専)松本恵司 広浦康勝 工東正彦 (取)藤井豊明 小池章 大澤善行 宮奥美行 山本邦克* 西藤久三* (常監)加藤浩 田口昌男 (監)蒲野宏之* 藤井順輔* 岩本保*
【連結】ハウス食品，ハウスウェルネスフーズ，壱番屋

【業績】(百万円)	売上高	営業利益	経常利益	純利益	1株益(円)	1株配(円)
連16. 3	241,893	10,775	12,152	22,632	220.5	30
連17. 3	283,812	12,312	13,951	8,683	84.5	32
連18. 3	291,897	16,288	17,207	9,353	91.0	38
連19. 3予	301,300	17,000	18,000	10,000	97.3	40
連20. 3予	310,000	18,000	19,000	10,500	102.2	40~42
中17. 9	143,434	7,456	8,010	4,328	42.1	18
中18. 9予	150,000	7,900	8,500	4,700	45.7	20
四17. 4- 6	70,358	3,819	3,958	2,262	22.0	
四18. 4- 6	71,305	4,310	4,660	2,715	26.4	
会19. 3予	301,300	17,000	18,000	10,000	(18.5.10発表)	

【配当】	配当金(円)
16. 3	15
16. 9	15
17. 3	17
17. 9	18
18. 3	20
18. 9予	20
19. 3予	20

予想配当利回り　1.21%
1株純資産(円)〈連18. 6〉
2,458 (2,451)

【大阪本社】577-8520大阪府東大阪市御厨栄町1-5-7
☎06-6788-1231
【東京本社】102-8560東京都千代田区紀尾井町6-3
☎03-3264-1231
【従業員】〈18.6〉連6,264名　単305名(41.0歳)年791万円
【証券】上東京　幹(主)野村(副)大和，みずほ，三菱Uモル　名三井住友信　監トーマツ
【銀行】三井住友，三菱U，三井住友信
【仕入先】三菱商事，豊田通商
【販売先】加藤産業，三菱食品

会社四季報 2018 年秋号

（88ページ詳述）。

【連結事業】欄は、その会社の直近本決算期の部門別売上構成比率（カッコ内は売上高利益率）が掲載されていて、ハウス食品では香辛・調味加工食品46％、健康食品11％、海外食品8％、外食18％、その他の食品関連17％ということがわかります。ただ、先の【特色】欄が意外とわかりづらいケースもあり、何やっているかわからないというときは、この【連結事業】欄を見て判断できます。

【海外】では12％の売上比率ということもわかります（原則として、

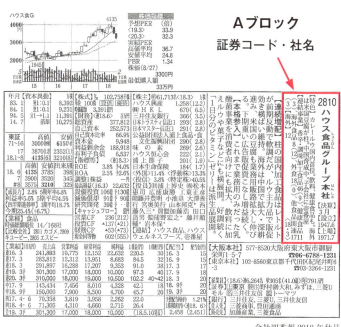

地域別売上高の日本以外の売上比率）。

つまり、Ａブロックを見るだけで、その企業が何をしている会社なのか、どんな事業を展開していて、その構成比はどれくらいなのかという、その会社のどの事業が強みなのかがわかるのです。


Ａブロックを見るだけでもさまざまなことがわかるのですが、まず大事なのが「正式な社名」を知っておくことで、これは投資家に限らず社会人としても常識です。たとえば、キヤノンの社名は「キャノン」ではなく、ヤは大文字の「キヤノン」です。

次ページを見ていただきたいのですが、たとえば誰でも知っている**富士フイルムホールディングス（4901）やキユーピー（2809）、ブリヂストン（5108）**ですが、よくメディアなどでは会社名が間違って表記されています。

富士フイルムの正式名は「富士フィルム」ではなく「富士フイルム」で、フイルムのイは大文字です。キユーピーの正式名も「キューピー」ではなく「キユーピー」で、キユーピーのユも大文字です。ブリヂストンの正式名は「ブリジストン」ではなく、チに濁点を付ける「ブリヂストン」です。

これらは株式会社ですから、株式会社が社名の前に付く「前株」なのか後につく「後株」

四季報で企業を知る ①

4901 富士フイルムホールディングス

【決算】3月【設立】1934.1【上場】1949.5

【特色】写真フィルムから液晶フィルム、医療機器、医薬等へ転換。傘下に事務機器大手富士ゼロックス

【連結事業】イメージングソリューション16(15)、ヘルスケア&マテリアルズソリューション41(9)、ドキュメントソリューション43(1)【海外】58 〈18・3〉

2809 キユーピー

【決算】11月【設立】1919.11【上場】1970.7

【特色】マヨネーズ、ドレッシングで国内首位。サラダ、総菜を育成中。子会社にジャムのアヲハタ

【連結事業】調味料27(10)、タマゴ18(4)、サラダ・惣菜21(3)、加工食品8(0)、ファインケミカル2(8)、物流システム23(4)、共通1(4) 〈17・11〉

5108 (株)ブリヂストン

【決算】12月【設立】1931.3【上場】1961.10

【特色】タイヤで世界首位。米ファイアストンやバンダグを買収。アジアなど新興国や特殊タイヤを強化

【連結事業】タイヤ83(13)、多角化17(5)【海外】81 〈17・12〉

9720 (株)ホテル、ニューグランド

【決算】11月【設立】1926.7【上場】1963.6

【特色】横浜財界が母体となった港に臨む伝統あるホテル。ブランド力強い。本館隣にテナントビル

【単独事業】ホテル99(▲8)、不動産賃貸1(68) 〈17・11〉

会社四季報 2018 年秋号

なのかくらいは知っていたほうがビジネスマナーとしてよいでしょう。

社名の上に㈱が付いているものは「前株」、ないものは「後株」なので、ブリヂストンは前株で株式会社ブリヂストン、キユーピーは後株でキユーピー株式会社です。これも四季報のAブロックで簡単に確認できます。

私は野村證券時代、大同生命（現・T&Dホールディングス、8795）の上場のときに社長ミーティングで前株と後株を間違えたことがあります。法人担当者として、やってはいけない大失態でした。


ホテル、ニューグランド（9720）は、めずらしい社名です。横浜の名門ホテルですが、社名に句読点が入っています。これを省くと、社名間違いになってしまいます。

同ホテルは1927年（昭和2年）に開業し、去年（2017年）90周年を迎えています。本館は銀座和光などを設計した渡辺仁氏によるもので、日本の代表的なクラシックホテルの1つに挙げられます。

GHQのマッカーサー元帥や野球のベーブ・ルースが宿泊するなど、多くの世界的な著名人が宿泊したことでも有名です。最近でも『THE有頂天ホテル』や『華麗なる一族』など映画やドラマをはじめテレビCM、音楽、小説のシーンでも使用されていることで知られています。

料理においても初代総料理長のサリー・ワイルが考案した「ドリア」、２代目総料理長の入江茂忠氏が考案した「スパゲティ・ナポリタン」、ＧＨＱ撤収時のパティシエが考案した「プリン・ア・ラ・モード」など、今や日本では当たり前の人気メニューはすべて同ホテルが発祥です。

先ほども「企業には法人格という人格がある」と述べましたが、企業名は人で言えば名前と同じで、人格に見合う第一歩と言えます。ここをわかっているかいないかで、投資家としての姿勢がうかがえると、私は思っています。

【特色】欄からわかる、私たちに身近な企業

四季報を眺めていると、このＡブロックから思わぬ発見があります。

初めて株を買う方向けの初心者用の指南書には、よく「自分が知っている身近な企業の株から買い始めるといい」「株主優待に注目しよう」などと書かれていますが、四季報を見ると、逆に身近なのにまったく知らなかったという企業に遭遇します（87ページ参照）。

たとえば、**ニイタカ（４４６５）**という企業は、業務用洗剤、洗浄剤、固形燃料の製造

販売の会社ですが、そのあとに続く「旅館や外食向けの固形燃料は国内シェア6割以上」という文を見ると、思わずハッとする方もいるのではないでしょうか。

旅館や外食向けの固形燃料と言えば鍋料理で出る、あの1人用の青くて丸い固形燃料です。国内シェア6割ですから、あなたも目にしたことのある燃料はほぼニイタカが作っているものです。

住江織物（3501）の【特色】欄には、「国会の赤じゅうたんなども納入する名門繊維企業」と書かれています。テレビでも見たことのある、あの赤じゅうたんが上場企業で製造されていたことは驚きです。住江織物の設立は1930年12月（上場は1949年5月）とありますから、まさしく戦前から続く名門老舗企業です。

虹技（5603）という企業を知っている方は、かなりのツウと言えます。この会社はマンホールふたの製造会社です。あなたが通勤や営業で外を歩くときに、毎日必ず見るであろうマンホールのふたも上場企業で作られています。

こう考えると、あなたが日常で上場企業に接しないということはほとんど不可能だということがおわかりいただけると思います。

最後に、あなたが目にすることのない部分で、下水道向けのヒューム管を製造している

日本ヒューム（5262）という企業があり、下水道向けヒューム管首位（シェア約9割）

四季報で企業を知る②

3501 住《すみの》江《え》織《おり》物《もの》
【決算】5月【設立】1930.12【上場】1949.5
【特色】カーペットや自動車用内装などが主力。国会の赤じゅうたんなども納入する名門繊維企業
【連結事業】インテリア35(0)、自動車・車両内装61(6)、機能資材4(5)、他0(21)【海外】33
〈18・5〉

4465 (株)ニイタカ
【決算】5月【設立】1963.4【上場】2003.4
【特色】業務用洗剤、洗浄剤、固形燃料の製造、販売。旅館や外食向けの固形燃料は国内シェア6割以上
【連結事業】自社製造品77、仕入商品等23
〈18・5〉

5262 日本《にっぽん》ヒューム
【決算】3月【設立】1925.10【上場】1949.5
【特色】下水道向けヒューム管首位(シェア約1割)。太平洋セメント系。賃貸ビル、スポーツ施設も
【連結事業】コンクリート製品53(1)、工事43(6)、不動産開発3(36)、他2(25)
〈18・3〉

5603 虹《こう》技《ぎ》
【決算】3月【設立】1940.6【上場】1952.4
【特色】鉄鋼鋳型、ロールから工作機械向けデンスバー(連続鋳造鋳鉄棒)、マンホールふた等へ多角化
【連結事業】鋳物76(6)、環境14(9)、他10(9)【海外】26
〈18・3〉

会社四季報2018年秋号

となっていますが、一般的によく知られていません。「土管」と言えばわかりやすいかもしれませんが、マンガ『ドラえもん』の中で、ジャイアンが広場に積んである土管の上に立ってコンサートをすると言うと身近に感じられるでしょう。

このように、Aブロックからその企業を知ることができます。あなたが普段よく目にするものも、おおかた上場企業によって作られていると言っても過言ではありません。つまり、あなたの生活の大半に上場企業が関わっているのです。

こうした視点から四季報を見直してみると、投資するしないにかかわらず、企業に対する興味が広がっていきます。もちろん、投資からの視点においても見逃せない点と言えるでしょう。

【特色】欄に書かれたポジティブワードを見逃がすな

Aブロックで見逃せない【特色】欄のポイントは、文字通り、その企業の特出される特色が書かれていることです。

私がとくに注目しているのは**「世界首位」や「業界首位」「シェア1位」「高い技術」と**

いったポジティブワードです。ここに、その企業の強みが書かれています。

とくに世界首位というキーワードが書かれていると、これだけで優良企業と見なして間違いありません。

たとえば、ハウス食品グループ本社（2810）は、カレールウが国内シェア1位です。

そして、この欄にはハウス食品グループ本社の売上構成比が書かれています。

ただ、カッコの中には営業利益率が記載されている企業と、それがない企業があります。カッコがある場合は注目すべきで、この数字が2桁《けた》であれば、その企業はかなり稼ぐ力があります。

ハウス食品グループ本社の場合、香辛・調味料が売上の46％を占めています。この部門の利益率は9％となっていますが、食品業界の平均利益率が7・3％ですから悪くない数字です。ここで利益率が9％という数字が、稼ぐ力があるということを示す数字だということを感覚的に身につけることが大事です。

また、その企業の海外比率も大事で、私はそれが**50％前後の企業に注目**しています。なぜなら、50％を超えてくると国内企業がグローバル企業に転換するタイミングだからです。直近では**キッコーマン（2801）**の海外比率が58％になっていますが、もはや同社はまごうことなきグローバル企業です。

キッコーマンの株価は２０１１年３月期の８００円くらいから上がり続け、わずか6年ほどで4倍にまで値を上げています。キッコーマンに続いて、海外比率が50％を超えたのは、55％の**味の素（２８０２）**です。味の素の株も、同じ期間で１０００円から２０００円へと2倍になっています。

キッコーマンや味の素の株価は上がりすぎといった声もありましたが、私はそうは思いません。**トップ企業の海外比率が50％を超えると、業界全体がグローバル産業になっていくタイミングが訪れている**のです。その期待感が投資家を呼び込み、株価を上げていくのです。


あのトヨタ自動車（７２０３）でさえ、ほんの20年ほど前まではドメスティック企業でした。しかし、トヨタの海外比率が50％を突破して、今では自動車産業がグローバル産業と言われるようになっています。食品業界も今、それと同じ道をたどっているのです。

さらに建設業界は国内産業だと思われていますが、着実に海外比率が増えています。海外比率がもっとも高いのは、五洋建設（１８９３）の37％、次いで大林組（１８０２）が24％、鹿島（１８１２）が22％、清水建設（１８０３）が9％となっていて、今のところけっして高い数字ではありませんが今後も注目していきたいところです。

以上、【特色】欄からでも、毎号読み進めていくうちに、その変化が変わるという点で注目すべきブロックと言えましょう。

Aブロックでは、銘柄コード、企業名、業種（業種は東証33業種に分類）に加え、【特色】欄から、その企業の特色、強みを書き出していくことをお勧めします（こうした特色がわかりにくい場合は【連結事業】を確認し、事業内容を理解するといいでしょう）。

その際、「世界首位」「業界首位」「シェア1位」「高い技術」などのポジティブワードを抽出していくことや海外比率の推移などを確認し（海外グローバル企業としての成長過程）、定性評価として加えていきます。

これが四季報Aブロックにおける「ウラ読み術」です。

2つのコメント欄から直感で会社の展望を嗅ぎ取る

Bブロックは東洋経済新報社の記者の目線で掲載されているコメント欄です。つまり定性評価ですが、企業の状況を把握するというのが目的です。コメント欄にはカッコが2つあり、前半のカッコをコメント1、次のカッコをコメント2として読んでいきます。

実はこれには意味があり、コメント1は原則として「今期予想」についてのコメント、つまり短期的な状況が書かれているということです。ただしこれはあくまでも記者が取材してこう思うということですから、正しいのか正しくないということは、ここではわかりません。記者が短期的にはこう見えているということが書かれています。

そして、コメント2は会社の中長期の成長に関するトピックスになっています。記者による中長期の展望です。

ハウス食G

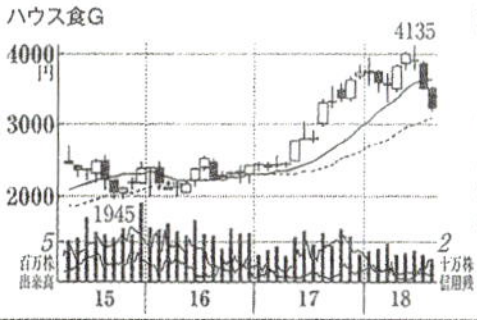

株価指標
予想PER　（倍）
〈19.3〉　33.9
〈20.3〉　32.3
実績PER
高値平均　36.7
安値平均　24.8
PBR　1.34
株価（8/27）　3300円
最低購入額　33万円

Ｂブロック
業績予想記事・材料記事

2810 ハウス食品《しょくひん》グループ本社《ほんしゃ》
【特色】カレールウ国内首位。飲料、健康食品も。海外は米国豆腐が柱。中国育成中。子会社に壱番屋
【連結事業】香辛・調味加工食品46(9)、健康食品(3)、海外食品8(12)、外食18(0)、他食品関連1711 3(3)【海外】12〈18・3〉
【決算】3月
【設立】1947.6
【上場】1971.7

【連続増配】柱の国内加工食品はレトルトが前期反動で軟調だが、ルウ主力品で販促効き横ばい維持。海外は中国で拡大・深耕進み、米国の豆腐も業務用販路拡大し伸びる。下期重い広告販促費こなし増益続く。
【本格参入】これまで業務用のみだった乳酸菌事業を消費者向けにも拡大、飲料に加えルウや菓子などにも横展開。好調続く「1日分のビタミン」ゼリーは派生品展開。

【株主】㊞61,713名〈18.3〉万株
ハウス興産　1,258(12.2)
㈱ＨＫＬ　670(6.5)
三井住友銀行　366(3.5)
日本トラスティ信託口　293(2.8)
日本マスター信託口　291(2.8)
公益財団法人浦上食品・食文化振興財団　290(2.8)
味の素　269(2.6)
ハウス恒心会　222(2.1)
浦上節子　201(1.9)
日本生命保険　184(1.7)
〈外国〉11.4%　〈浮動株〉13.3%
〈投信〉3.8%　〈特定株〉40.5%
【役員】㈹浦上博史 ㈱松本惠司 広浦康勝 工東正彦 ㈳藤井豊明 小池章 大澤善行 宮奥美行 山本邦克* 西藤久三* ㈱加藤浩 田口昌男 ㈱蒲野宏之* 藤井順輔* 岩本保*
【連結】ハウス食品，ハウスウェルネスフーズ，壱番屋

年月【資本異動】		万株
83. 1	無1:0.1	8,392
84. 1	無1:0.1	9,231
94. 5	分1→1.1	11,391
14. 7	消却	10,275

東証	高値	安値
71~16	3000(89)	615(74)
17	3870(12)	2352(1)
18.1~8	4135(6)	3210(8)

	高値	安値	出来万株
18. 6	4135	3785	398
7	3900	3520	345
#8	3575	3210	325

【成長力】2.8%　5期年率6.8%
利益率5.6%　5期平均4.5%
【四半期進捗率】3期平均18.7%
今期25.4%(+6.7%)
【業種】食品
時価総額順位　14／168社
【比較会社】2811 カゴメ，2809 キユーピー，2805 エスビー

【株式】7/31　102,758千株
単位　100株　［貸借］［優待］
時価総額　3,391億円
【財務】〈連18.6〉　百万円
総資産　377,812
自己資本　252,573
自己資本比率　66.9%
資本金　9,948
利益剰余金　188,918
有利子負債　6,537
【指標等】〈連18.3〉
ROE　3.8%　予4.0%
ROA　2.5%　予2.6%
調整1株益　―円
最高純益(16.3)　22,632
設備投資　106億　予130億
減価償却　91億　予90億
研究開発　39億　予‥億
【キャッシュフロー】億円
営業CF　236(212)
投資CF　▲137(▲21)
財務CF　▲53(▲73)
現金同等物　602(555)

【業績】(百万円)	売上高	営業利益	経常利益	純利益	1株益(円)	1株配(円)
連16. 3	241,893	10,775	12,152	22,632	220.5	30
連17. 3	283,812	12,312	13,951	8,683	84.5	32
連18. 3	291,897	16,288	17,207	9,353	91.0	38
連19. 3予	301,300	17,000	18,000	10,000	97.3	40
連20. 3予	310,000	18,000	19,000	10,500	102.2	40~42
中17. 9	143,434	7,456	8,010	4,328	42.1	18
中18. 9予	150,000	7,900	8,500	4,700	45.7	20
四17. 4- 6	70,358	3,819	3,958	2,262	22.0	
四18. 4- 6	71,305	4,310	4,660	2,715	26.4	
会19. 3予	301,300	17,000	18,000	10,000	(18.5.10発表)	

【配当】	配当金(円)
16. 3	15
16. 9	15
17. 3	17
17. 9	18
18. 3	20
18. 9予	20
19. 3予	20

予想配当利回り　1.21%
1株純資産(円)〈連18. 6〉
2,458 (2,451)

【大阪本社】577-8520大阪府東大阪市御厨栄町1-5-7　☎06-6788-1231
【東京本社】102-8560東京都千代田区紀尾井町6-3　☎03-3264-1231
【従業員】〈18.6〉連6,264名　単305名(41.0歳)年791万円
【証券】上東京　幹(主)野村(副)大和，みずほ，三菱Ｕモル　名三井住友信　監トーマツ
【銀行】三井住友，三菱Ｕ，三井住友信
【仕入先】三菱商事，豊田通商
【販売先】加藤産業，三菱食品

会社四季報 2018 年秋号

コメント１
【連続増配】柱の国内加工食品はレトルトが前期反動で軟調だが、ルウ主力品で販促効き横ばい維持。海外は中国で拡大・深耕進み、米国の豆腐も業務用販路拡大し伸びる。下期重い広告販促費こなし増益続く。

コメント２
【本格参入】これまで業務用のみだった乳酸菌事業を消費者向けにも拡大、飲料に加えルウや菓子などにも横展開。好調続く「１日分のビタミン」ゼリーは派生品展開。

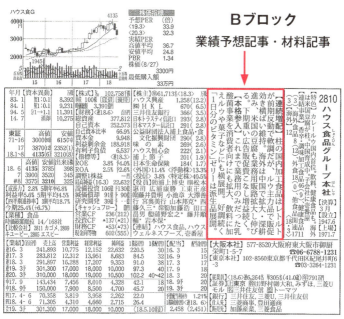

ウラ読み術としては、まずコメント1とコメント2に分け、それぞれについて内容を読んでいきます。そして、それぞれのコメントの中から**ポジティブ、ネガティブと感じるコメント数をカウント**していきます。

ハウス食品を例にとってみると、まず【連続増配】という言葉、これはポジティブワードとしてとらえます。「柱の国内加工食品はレトルトが前期反動で軟調」はあまりよくないなということでネガティブワードとします。「ルウ主力品で販促効き横ばい維持」、これはいいなということでポジティブワードです。「海外は中国で拡大・深耕進み」もポジティブワード、「米国の豆腐も業務用販路拡大し伸びる」も同様です。「下期重い広告販促費こなし」はマイナスな事柄なのでネガティブワード、しかし、それをこなし「増益続く」はポジティブワードとして見ます。

以上をカウントするとポジティブと感じたのが5個、ネガティブと感じたのが2個という形でコメント1を分けます。

次にコメント2を見てみると、【本格参入】と書かれていてポジティブ、「これまで業務用のみだった乳酸菌事業を消費者向けにも拡大」もポジティブ、「飲料に加えルウや菓子などにも横展開」もポジティブ、「好調続く『1日分のビタミン』ゼリーは派生品展開」

もポジティブということで、コメント2はポジティブが3、ネガティブがゼロとなります。
私はいつもコメント2のほうを注目しています。なぜなら、こちらは**会社の大きな変化をとらえているから**です。

ポジティブなのかネガティブなのかはあなたの直感でかまいません。というのも、たとえば「フル生産」という言葉が登場することがありますが、これは一般的にはいいととらえますが、裏を返せばフル生産ということはキャパがいっぱいで、これ以上伸びないということも言えるわけです。ですから、あなたの直感でどう考えるかを判断していただいてかまいません。

また、コメントがすべてネガティブだった場合、「陰の極み」、あるいは「悪材料出尽くし」と言って大底を付けるケースがあるので、ポジティブな言葉が多いからと言っていいということもないのです。むしろ気になるのは、中長期的にはとくに大きな変化はなく、短期的にはネガティブなものがある場合、ちょっとした変化や兆しがあるのではないかという見方もできます。

コメント欄ではこうしたことを直感で何となく考えることが大事です。

記者のコメントを読んで、メッセージ性を感じ取る

中国政府が発表する中国経済のデータは、あまり信用できないと言われます。ただ、第7代国務院総理の李克強《りこっきょう》が総理に就任する前、遼寧《りょうねい》省の幹部だった2007年にGDPよりも信頼できる数値として挙げた「鉄道貨物輸送量、電力消費量、銀行融資残高」の3つをもとに作られた中国の経済指標は、中国の経済実態を表しているとされています。

イギリスの経済紙『エコノミスト』（2010年）は、これら3つを指して「李克強指数」と名付けています。別名「チャイナ・モメンタム・インジケーター」とも言われています。また、李克強が総理就任後の2015年に、新たに重視している数値として「雇用の安定、所得水準、環境」を挙げたことから、これらの3つを「新・李克強指数」と呼ぶこともあります。

このように、「この企業からは世界経済」が、「この企業からはアメリカの消費」がわかるというものがあります。具体的には、世界経済を知るには世界の荷動きを知ればいいので、艦隊規模世界第2位の**商船三井（9104）**を、同様にアメリカ消費は**東洋水産（2875）**を、世界の耐久消費財の動きは**トヨタ自動車（7203）**を見るといった具合です。

少し古い四季報（2017年春号）になりますが、順を追って見てみましょう（次ページ参照）。

まず、商船三井を見てみると、海に浮いている船の動きを表す船隊規模は世界2位です。少し前までは、それが首位でした。この指標は、中国の鉄道の貨物輸送量と同じ意味を持っています。これを世界規模で表しているのが、商船三井の船隊規模なのです。これで、**世界の海運での荷動き**が察知できます。

同社については2015年くらいから新興国向け、とくにブラジルが悪いとずっと書かれていました。それが、最近になって少し戻ってきたかなという印象です。

また、注目すべき点はコメント2に、「【黎明期】ロシア・ヤマル海上輸送などLNG船の稼働が相次ぐ」と書かれていたのが、直近の2018年秋号のコメント2には、「【始動】ロシア・ヤマル向け砕氷LNG船が7月中国初入港、航海日数短縮化の北極海航路で需要取り込む」となっています。

これは、地球温暖化のため北極海の氷が溶け出し、北極海ルートという地政学的な変化として注目されている事象と合致しています。

現在、ロシアからのLNG（液化天然ガス）は、太平洋ルートを航行して日本に輸入されています。これが北極海の氷が溶けていることにより、より航行日数が短縮される北極

四季報で今を知る

2875 東《とう》洋《よう》水《すい》産《さん》

【決算】3月
【設立】1948.4
【上場】1970.9

【特色】戦後水産事業から出発。即席麺は国内2位。米国、メキシコでは圧倒的首位。チルド製品も展開

【連結事業】水産食品9(▲1)、海外即席麺20(16)、国内即席麺32(8)、低温食品18(6)、加工食品5(5)、冷蔵4(10)、他12(1)【海外】20 〈16・3〉

【増益続く】海外は円高目減り。ただ国内は主力カップ麺が好調。原料安も恩恵。償却増などこなし営業益堅調。減損減る。18年3月期は新製品効果発現の国内即席麺が増勢。低温も焼きそばなど主力が伸長。米国苦戦や原料安一服でも営業増益が続く。

【食った食った】国内では縦型カップ麺の市場拡大を受け「クッタ」3月末投入。米国は健康志向対応の新製品で巻き返し図る。

今の「アメリカ経済」を知る

➡東洋水産の業績から察知

9104 (株)商《しょう》船《せん》三《みつ》井《い》

【決算】3月
【設立】1884.5
【上場】1949.7

【特色】海運大手。船隊数世界2位。鉄鉱石船、タンカー、ＬＮＧ船の不定期船強い。ザ・アライアンス参画

【連結事業】不定期専用船49(7)、コンテナ船42(▲4)、フェリー・内航3(9)、関連事業6(8)、他0(27)【海外】16 〈16・3〉

【黒字化】コンテナ船、自動車船苦戦で営業赤字。持分タンカーは市況反落。減損の一方、資産売却益。下期無配。18年3月期はバラ積み船が中小型フリー船撤退等効き黒字定着。コンテナ船赤字残るが自動車船は減船で改善。最終黒字。配当性向20%基準。

【黎明期】ロシア・ヤマル海上輸送などＬＮＧ船の稼働が相次ぐ。三井物産やノルウエー社とサブシー支援船事業会社を設立。

今の「世界経済」を知る

➡商船三井で世界の荷動きを察知

7203 トヨタ自《じ》動《どう》車《しゃ》

【決算】3月
【設立】1937.8
【上場】1949.5

【特色】自動車世界首位級。国内シェア4割超。傘下に日野、ダイハツ。富士重やマツダ、スズキとも提携

【連結事業】自動車91(9)、金融7(18)、他2(6)【海外】78 〈16・3〉

【改　善】世界販売１０１５万台で微増。中東苦戦も国内やアジア好調。北米高水準。円高修正で営業減益幅縮小。18年3月期は円高一服。国内底堅い。北米は頭打ち感も高収益のＳＵＶ増産効く。原価改善も進展。

【対トランプ】今後5年で米国に総額1・1兆円超の投資計画公表。インディアナ工場で19年秋にＳＵＶ「ハイランダー」増産。メキシコでは17年末メドに「タコマ」増産。

今の「世界消費」を知る

➡トヨタ自動車から耐久消費財の動きを察知

会社四季報 2017年春号

海ルートが、実際に始動し始めたということが、コメント欄からもわかるのです。

次に東洋水産を見てみると、**アメリカ経済の個人消費の動向**がわかります。同社は即席麺「マルちゃん」の製造・販売元で、この業界では日清食品に次いで世界シェア2位です。ただし、アメリカやメキシコではシェア1位を誇っています。ですから、同社の業績を見ていると、アメリカの個人消費の動向の一部がわかるというわけです。

しかし、最近になって景気とはリンクしない状況が生まれてきています。それは、消費者の健康志向です。そのことはコメント2に「米国は健康志向対応の新製品で巻き返し図る」からうかがい知ることができます。

2018年秋号のコメント1には、「海外はメキシコの数量拡大」と書かれています。メキシコの動向も知ることができるでしょう。

最後に、**世界の耐久消費財の動きを知る**ためにトヨタ自動車を見ると、「世界販売台数1015万台で微増」となっていますが、地域別では中東苦戦、国内やアジア好調、北米高水準と地域差が出ていることがわかります。

自分なりの視点でキーワードに注目しよう

私は野村證券時代、機関投資家を訪問する際、興味を引かれた企業をエクセルに羅列して、それぞれの企業に四季報がどういうコメントを書いているかということを短くまとめた資料を作って持参していました。

このコメントを短くまとめるというのが、実は「気づき」だったのです。

さまざまな資料を作るとき、こうした「気づき」を無意識のうちに表題に使ったりしていましたが、どういうところに気づいているかというと結局、コメント欄からの言葉でした。

こうした「気づき」を起こしてくれるのは、言霊だと思います。もちろん、チャートの変化や数字の変化に「気づき」があることも多々あります。あなたも独自の視点でキーワードに注目するといいでしょう。

私は、四季報のコメント欄から気になって注目した言葉があります。たとえば、「**動意**」という言葉はまだ数字などで表には出ていませんが、裏で大きなうねりが動き出していて、その気配が感じられることを指しています。まだ株式市場で気づかれていないことが多く、投資チャンスとも言えます。

また「底を打った」も同様で、いよいよ上向きになると予想されるときに使われます。こうした言葉は微妙なニュアンスを表現したいときに使われ、金融的ではなく文学的、哲学的な感じで「気づき」につながるのです。

コメントにはさまざまなキーワードがあり、まずポジティブワード、ネガティブワードがどういう形で入っているかというイメージ、感覚をつかむのがいいでしょう。ただ、これには注意が必要で、どちらかに偏りすぎていてもダメです。

また同じ言葉でも、ポジティブととらえるケースとネガティブにとらえるケースがあったり、あまりに同じ言葉が多く出てくると逆に注意が必要な場合があります。

たとえば「超繁忙」というキーワードは仕事がたくさんで忙しいというポジティブな言葉である一方、あまりに多く「超繁忙」が出てくると、それは「手一杯」ということでもあります。これ以上成長することが期待できないので、そこが株価のピークというケースもあるのです。同様に、四季報でよく使われている「堅調」という言葉は参考にはしますが、堅調だから業績がいいとは限りません。

また、ポジティブやネガティブといったとらえ方とは別に、「転換」や「復活」といった企業の事業活動が大きく動き出しそうなキーワードに注目するのも面白いと思います。

コメントからの定性評価で企業の成長性がわかる

定性評価とは、数字や形に表せない評価のことです。この定性評価で、その企業の成長性がわかるケースがあります。

アニコムホールディングス（8715）は、ペット専門の保険会社です。世界初のペット保険会社で、こうした「世界初」には注目します（ペット保険の草分けで業界首位）。現在では猫が大人気ですから、ネコノミクスと言ったところでしょう。

ミサワホーム（1722）は2017年、JAXA（国立研究開発法人宇宙航空研究開発機構）の「宇宙探査イノベーションハブ」が実施した研究提案募集に応募し、採択されています。これまで約50年にわたり、「南極昭和基地」での観測隊員の活動や生活を支える建物の部材製作を受注してきました。

高度に工業化された同社の建物は建築経験のない隊員でも短期間で施工でき、南極のような過酷な自然環境にも耐える性能があります。この工業化技術をさらに発展させることで、宇宙の拠点開発へも貢献しようとしているのです。

宇宙空間での生活を維持するには省エネルギーや創エネルギーの技術、エネルギー利用の最適化が必須条件です。同社の長年にわたる省エネルギー住宅の研究開発の知見も生かすことができ、これらの考えの下に「建築を省力化する工法技術」と「自律循環システム」の2項目について提案して採択されたのです。こうしたニュースも、モノづくりニッポンの宇宙進出として注目です。

主力の戸建住宅部門では、2018年秋号のコメント1には【底打ち】というワードが出現しました。今後、四季報を読み進めていくうちに注目すべきは、「宇宙探査イノベーションハブ」のような技術からどんな事業展開がなされるかで、株価に注目していい銘柄と言えるかもしれません。

サトウ食品工業（2923）の加工食品「サトウのごはん」は、中国で売れていると言います。日本の米は米に卵を産みつけるコクゾウムシが検疫に引っかかり、日本からの輸出が制限されています。それでも現地では日本のご飯を食べたいというニーズがあり、「サトウのごはん」が注目されるようになりました。

なぜなら「サトウのごはん」にするとそこで加工食品になるため輸出制限がかからない

からです。

中国で人気になったこの商品の包装米飯の売上率は２０１７年に包装餅との比率が逆転し、直近では包装米飯51％、包装餅50％になっています。これもインバウンドの流れと言えるかもしれません。

アース製薬（４９８５）は、時代の変化に合わせて商品名を「殺虫剤」から「虫ケア」へと転換を図っています。殺虫剤は虫を殺すというイメージがあり、時代にマッチしなくなってきています。

このように本来コメント欄は定性的なものですが、そのコメントの中の数字に着目して定量評価できるケースがあります。小売業なら新規出店数や店舗純増数が書かれていることが多くあります。

たとえば、「ラーメン一風堂」を展開する力の源ホールディングス（３５６１）の２０１８年秋号のコメント１には、「海外は店舗純増33」「国内も店舗純増14」と書かれています。現在の店舗数はＣブロックの【グループ店舗】を見ると国内１４５、海外86となっていますので、それぞれの店舗の伸び率は国内９・７％（14÷１４５）、海外38・４％（33÷86）ということがわかります。

同社の海外店舗の伸び率約40％は驚異的な伸びですので、ラーメン一風堂は**「海外成長株」と見なすことができる**のです。

海外では今、日本ブームの波が起こっています。日本人でも知っているラーメン一風堂のブランドは、アジアに進出したなら青天井で何店舗でも出店できるのではないかといった感覚をつかむのが面白いのです。日本ブームや2020年の東京オリンピックに向けて、この動きは続くと見る見方もあるでしょう。

以上、これまで見てきたように、Bブロックは**ポジティブなコメントやネガティブなコメントだけではなく奥に隠されている意味**を探りながら、投資する際の判断材料として大事なブロックと言えるのです。

Eブロック（株式・財務・キャッシュフロー）のウラ読み術

自己資本比率から企業の健全性を測ろう

Eブロックで見ていくことは企業の健全性です。この健全性は自己資本比率で確認していきますが、【財務】欄に書かれているものがいわゆるバランスシート（貸借対照表）と言われているもので、そもそもバランスシートとは何なのかという理解が大事になってきます。

そこでまずバランスシートというのを簡単にお話しますと、バランスシートはまず紙などに四角を書いて真ん中から半分に線を引き、右側をさらに上下2つに割っただけの単純な図です。

そして、四角の右側と左側にさまざまな数字を入れていくのですが、右側の総資産にはお金の調達手段、左側はお金の運用手段が書かれています。簡単に言ってしまえば、これ

Eブロック

株式・財務・キャッシュフロー

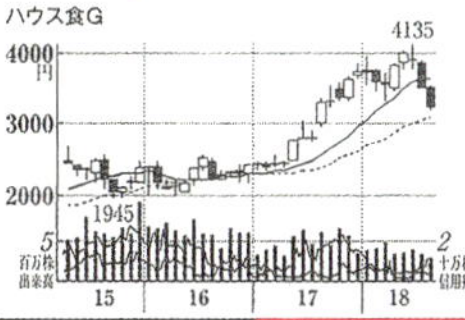

株価指標
予想PER　（倍）
〈19.3〉　33.9
〈20.3〉　32.3
実績PER
高値平均　36.7
安値平均　24.8
PBR　1.34
株価(8/27)
3300円
最低購入額
33万円

2810
ハウス食品《しょくひん》グループ本社《ほんしゃ》
【決算】3月
【設立】1947.6
【上場】1971.7

【特色】カレー・ルウ国内首位。飲料、健康食品も。海外は米国豆腐が柱。中国育成中。子会社に壱番屋
【連結事業】香辛・調味加工食品46(9)、健康食品(3)、海外食品8(12)、外食18(0)、他食品関連1711(3)【海外】12〈18・3〉

【連続増配】柱の国内加工食品はレトルトが前期反動で軟調だが、ルウ主力品で販促効き横ばい維持。海外は中国で拡大・深耕進み、米国の豆腐も業務用販路拡大し伸びる。下期重い広告販促費こなし増益続く。
【本格参入】これまで業務用のみだった乳酸菌事業を消費者向けにも拡大、飲料に加えルウや菓子などにも横展開。好調続く「1日分のビタミン」ゼリーは派生品展開。

年月	【資本異動】	万株
83. 1	無1:0.1	8,392
84. 1	無1:0.1	9,231
94. 5	分1→1.1	11,391
14. 7	消却	10,275

東証	高値	安値
71~16	3000(89)	615(74)
17	3870(12)	2352(1)
18.1~8	4135(6)	3210(8)

	高値	安値	出来万株
18. 6	4135	3785	398
7	3900	3520	345
#8	3575	3210	325

【成長力】2.8%　5期年率6.8%
利益率5.6%　5期平均4.5%
【四半期進捗率】3期平均18.7%
今期25.4%(+6.7%)
【業種】食品
時価総額順位 14／168社
【比較会社】2811 カゴメ, 2809 キユーピー, 2805 エスビー

【株式】7/31　102,758千株
単位 100株 [貸借] [優待]
時価総額 3,391億円
【財務】〈連18.6〉　百万円
総資産　377,812
自己資本　252,573
自己資本比率　66.9%
資本金　9,948
利益剰余金　188,918
有利子負債　6,537
【指標等】〈連18.3〉
ROE　3.8%　予4.0%
ROA　2.5%　予2.6%
調整1株益　一円
最高純益(16.3)　22,632
設備投資　106億　予130億
減価償却　91億　予　90億
研究開発　39億　予　‥億
【キャッシュフロー】　億円
営業CF　236(212)
投資CF　▲137(▲21)
財務CF　▲53(▲73)
現金同等物　602(555)

【株主】㊊61,713名〈18.3〉　万株
ハウス興産　1,258(12.2)
(株)ＨＫＬ　670(6.5)
三井住友銀行　366(3.5)
日本トラスティ信託口　293(2.8)
日本マスター信託口　291(2.8)
公益財団法人浦上食品・食文化振興財団　290(2.8)
味の素　269(2.6)
ハウス恒心会　222(2.1)
浦上節子　201(1.9)
日本生命保険　184(1.7)
〈外国〉11.4%　〈浮動株〉13.3%
〈投信〉3.8%　〈特定株〉40.5%
【役員】(社)浦上博史 (専)松本惠司 広浦康勝 工東正彦 (取)藤井豊明 小池章 大澤善行 宮奥美行 山本邦宏* 西藤久三* (常監)加藤浩 田口昌男 (監)蒲野宏之* 藤井順輔* 岩本保*
【連結】ハウス食品, ハウスウェルネスフーズ, 壱番屋

【業績】(百万円)	売上高	営業利益	経常利益	純利益	1株益(円)	1株配(円)
連16. 3	241,893	10,775	12,152	22,632	220.5	30
連17. 3	283,812	12,312	13,951	8,683	84.5	32
連18. 3	291,897	16,288	17,207	9,353	91.0	38
連19. 3予	301,300	17,000	18,000	10,000	97.3	40
連20. 3予	310,000	18,000	19,000	10,500	102.2	40~42
中17. 9	143,434	7,456	8,010	4,328	42.1	18
中18. 9予	150,000	7,900	8,500	4,700	45.7	20
四17. 4-6	70,358	3,819	3,958	2,262	22.0	
四18. 4-6	71,305	4,310	4,660	2,715	26.4	
会19. 3予	301,300	17,000	18,000	10,000	(18.5.10発表)	

【配当】	配当金(円)
16. 3	15
16. 9	15
17. 3	17
17. 9	18
18. 3	20
18. 9予	20
19. 3予	20

予想配当利回り　1.21%
1株純資産(円)〈連18. 6〉
2,458　(2,451)

【大阪本社】577-8520大阪府東大阪市御厨栄町1-5-7　☎06-6788-1231
【東京本社】102-8560東京都千代田区紀尾井町6-3　☎03-3264-1231
【従業員】〈18.6〉連6,264名 単305名(41.0歳)[年]791万円
【証券】[上]東京 [幹](主)野村(副)大和, みずほ, 三菱Uモル [名]三井住友信 [監]トーマツ
【銀行】三井住友, 三菱U, 三井住友信
【仕入先】三菱商事, 豊田通商
【販売先】加藤産業, 三菱食品

会社四季報 2018 年秋号

がバランスシートと考えてください。

まず右側の調達手段のほうを見ていくと、ここには負債と自己資本（純資産）という2つの四角があって、右上の四角は文字通り負債で、いわゆる借り入れたお金です。右下の四角はもともと自分が持っていたお金、出したお金、それに加えて、これまで過去に積み上げてきた利益の累計が入ります。これを自己資本と言います。

これをわかりやすい例で図を使ってたとえてみましょう（109ページ参照）。たとえばあなたが

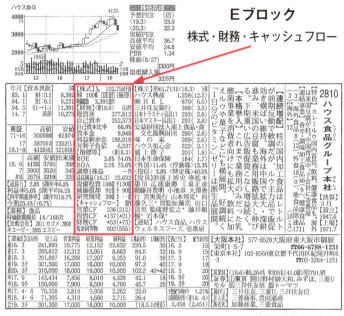

２００万円の車を買おうとします。そのために１００万円のお金を貯めたとします。そうなると、１００万円は自分のお金ですから右下に１００万円と書きます。しかし、車は２００万円でお金が足りないので、オートローンなどで１００万円を借りるとします。すると、右上の負債の欄に１００万円と書き込まれて、これで上下合わせて２００万円となり、この２００万円を使って車を買うことができます。

あなたはこの２００万円で無事に車を購入します。すると左側に車２００万円という数字が入ります。先ほど左側の欄はお金の運用手段と言いましたが、なぜ車が運用側にくるかというと、２００万円というお金が車に代わって運用されているという考え方だからです。ですから左側の運用資産に車２００万円と書いてバランスしますということです。

つまりバランスシートは、すべての人の家計にも個人にもあって、この感覚でお金はどう調達してきたんだろうか、私は何を買ったんだろうかと分けていくとバランスシートになるのです。

話を四季報に戻すと、Ｅブロックの【財務】欄には「総資産」「自己資本」「自己資本比率」「資本金」「利益剰余金」「有利子負債」の６つの数字が掲載されています。バランスシート上に分けると、左側が総資産、右上が有利子負債（すべての項目は書かれていな

四季報のバランスシート

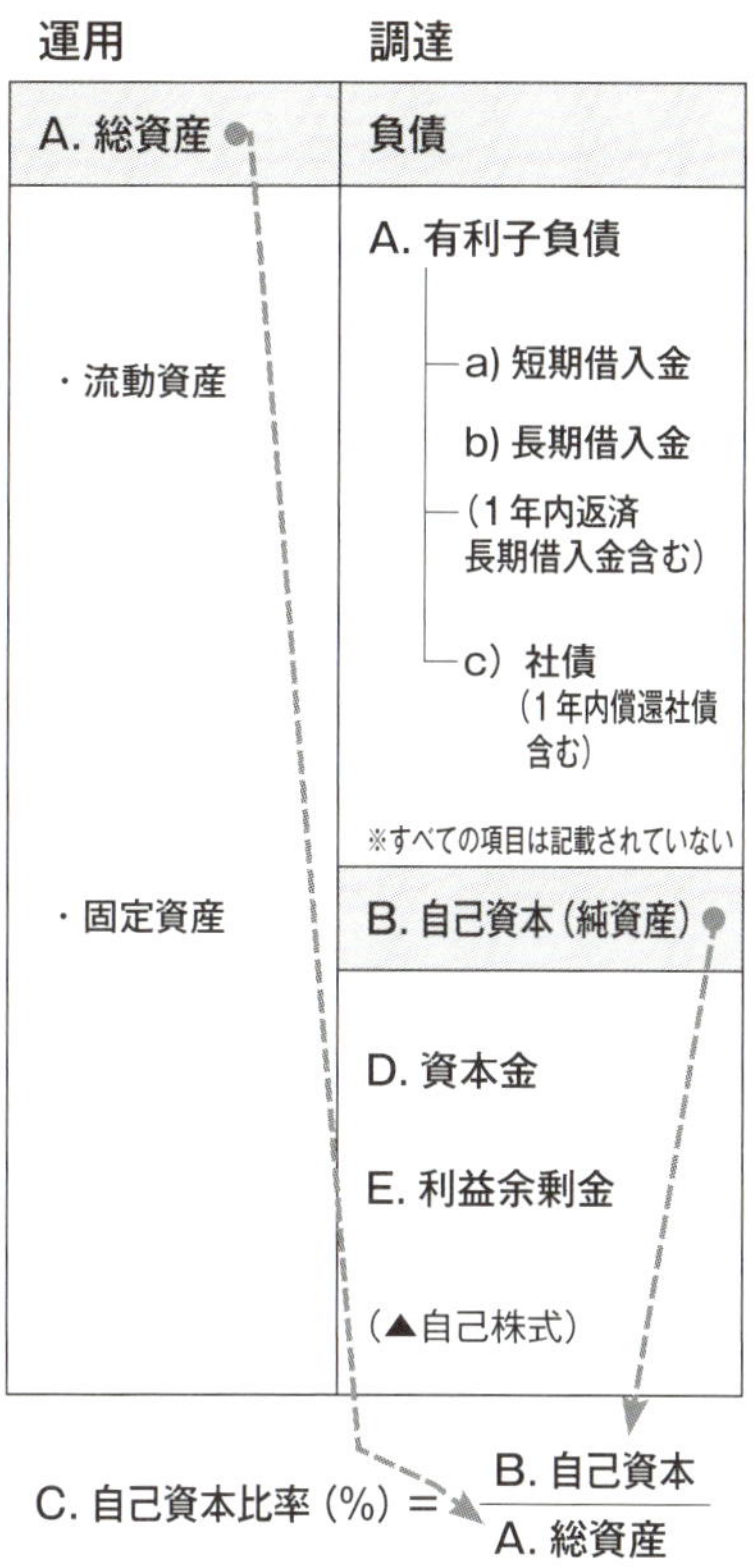

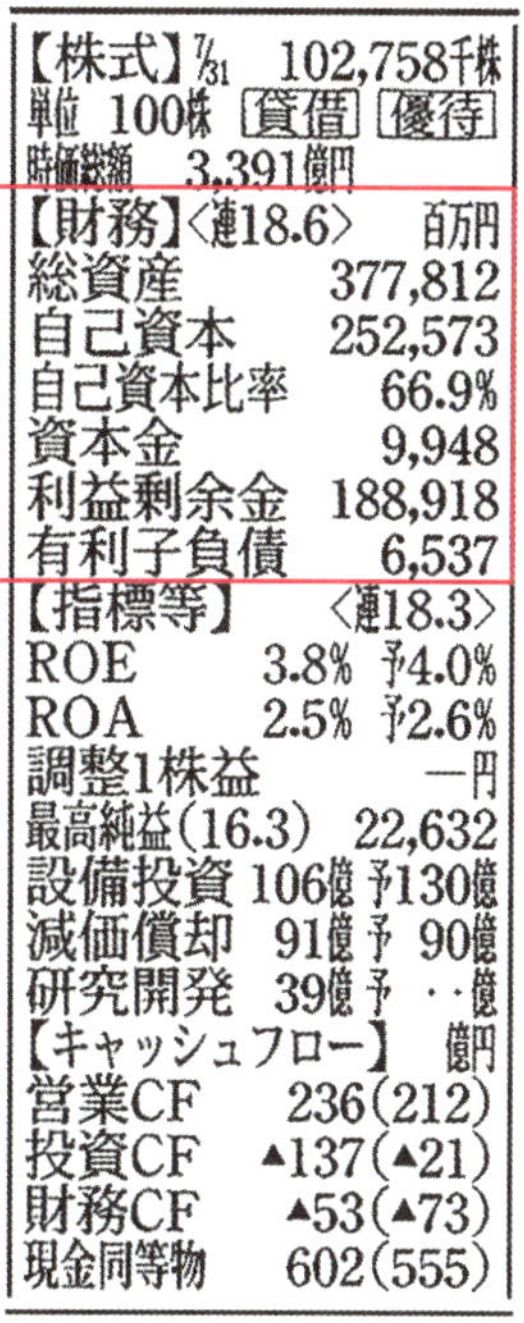

【株式】7/31 102,758千株
単位 100株 貸借 優待
時価総額 3,391億円
【財務】<連18.6> 百万円
A 総資産 377,812
B 自己資本 252,573
C 自己資本比率 66.9%
D 資本金 9,948
E 利益剰余金 188,918
F 有利子負債 6,537
【指標等】 <連18.3>
ROE 3.8% 予4.0%
ROA 2.5% 予2.6%
調整1株益 —円
最高純益(16.3) 22,632
設備投資 106億 予130億
減価償却 91億 予 90億
研究開発 39億 予 ‥億
【キャッシュフロー】 億円
営業CF 236(212)
投資CF ▲137(▲21)
財務CF ▲53(▲73)
現金同等物 602(555)

200万円というお金が
車に変わって運用されている

い）、右下が自己資本（資本金＋利益剰余金＋その他）となり、バランスシートが埋まる形となります。つまり、四季報のバランスシートはすべての細かな部分は掲載されておりませんが、実に大事なところだけが網羅されているということになります。

さて、【財務】欄からわかることは「**企業の健全性**」です。

私は**自己資本比率を重要視**していて、四季報の【財務】欄にはこの自己資本比率も掲載されています。ここではバランスシートの理解のために解説してきましたが、企業の総資産のうちどれだけの自己資本を持っているか、その割合を知ることが大切で、計算式は自己資本÷総資産×１００（％）で出ることを覚えておいてください。

自己資本比率は平均的には30～70％の範囲内に収まっていますが、70％以上であれば健全性は高いと言えます。ですから私は70％以上だったら◎、50％以上70％未満だったら○、30％以上50％未満だったら△、30％以下だったら×としています。ハウス食品ですと66・9％で○となります（ただし、銀行などの金融は当てはまりません）。

【自己資本比率から健全性を測る】

70％以上　◎

50％以上70％未満　○
30％以上50％未満　△
30％以下　×

PBRから企業の健全性を測ろう

PBR（Price Book-value Ratio＝株価純資産倍率）は、市場が評価した時価総額が純資産（自己資本）の何倍であるかを表す指標で、1株当たりの純資産に対して株価が何倍上がっているかということです。

2018年秋号の単純平均の自己資本比率は51・8％（ただし、一般業種で計算する場合、銀行業は自己資本比率の考え方が違うので除いています）、ざっくりとしたブレが20％ありますので30～70％で7割方は1標準偏差で収まっています。

PBRはNブロックの株価指標の欄からも確認できますが、ただし、その号における指標ですので、実際にハウス食品で計算して理解しましょう。

この章で解説する「ABEJAPAN＝アベジャパン」以外で掲載されているJブロックの右横にある1株純資産（四季報ではKブロック）を見ると2458円でこれを使いま

す。あとは株価÷1株当たりの純資産ですから、3300円÷2458円＝約1・3倍となります。

私はPBRが1倍以上だったら△、0・7倍以上1倍未満だったら○、0・7倍未満だったら◎で判定しています。

【PBRから企業の健全性を測る】

1倍以上	△
0・7倍以上1倍未満	○
0・7倍未満	◎

以上、PBRはその企業の株が割安なのか割高なのかを判断する指標ですが、いろいろな企業のPBRを計算してみるとわかるのですが、50倍になってしまったということがあります。しかし、50倍であろうが100倍であろうが落胆する必要はありません。なぜなら、これから成長する若い企業には純資産が少ないのでPBRは高くなって当然。これを成長株と言います。一方、自己資本比率が70％以上かつPBRが0・7倍未満という◎の企業は資産面から見て割安な株価で、これをバリュー株と言います。

つまり、**あなたの投資スタイルによって自己資本比率とＰＢＲを判断すればいい**のです。

そのときどきによって企業の健全性を見るために自己資本比率とＰＢＲは使える指標です。

キャッシュフローから企業の健全性を測ろう

次にＥブロックの下にある【キャッシュフロー】欄を見ていきます。キャッシュフローとは、お金の流れに注目した数字、つまりお金のやり繰りのことです。

ここのキャッシュフローもあなたの身近な経験から理解できます。

たとえば、私もサラリーマン時代によくありましたが、給料日前になるとお金がないということがありました。実は当たり前のことなのですが、カードで物を買うと物は手に入っているけれども翌月に請求が溜まってしまい、その月は足りないということが起きたりします。

企業の場合も物の動きではなくてお金の動きです。会社ではキャッシュフローは現金のやり繰りを見ているので、お金がなくなれば見た目が立派でも、実際にキャッシュフローが回っていないと倒産の憂《う》き目に遭うことになります。そうした関係をよく理解してキャッシュフローを見ていきます。

キャッシュフローには「営業キャッシュフロー」「投資キャッシュフロー」「財務キャッシュフロー」の3つがあります。

営業キャッシュフローは、本業の収入と支出に注目したお金の流れです。たとえば物を売ると代金が入ってきます。そうする、と営業キャッシュフローはプラスになります。今度は原材料の支払いをします。そうすると、お金が会社から外に出ていきますから営業キャッシュフローがマイナスに働きます。この2つの差額が営業キャッシュフローですから、当然プラスがいいわけです。

投資キャッシュフローは投資と回収に注目したお金の流れです。投資をするということは、会社からお金が外に出ていって、不動産や機械などの設備に化けるわけですが企業は投資をしていきます。そして投資を回収すると、土地を売ったり機械を売ったりしてお金が回収され、投資キャッシュフローではプラスに働きます。

投資キャッシュフローはプラスがいいのかマイナスがいいのかという判断ですが、企業は常に投資しなければならない宿命にありますから、マイナスでもかまいません。

通常はここまでですが、私は四季報にない「**フリーキャッシュフロー**」という項目を入れています。フリーキャッシュフローは単純に営業キャッシュフローと投資キャッシュフローを足しただけですが、四季報ウラ読み術としては、「営業キャッシュフロー」「投資キャッシュフロー」「フリーキャッシュフロー」に着目していきます。

ちなみに、**財務キャッシュフローは資金の調達と返済に注目した資金の流れ**で、銀行からお金を借りる、増資をしてお金を調達することで会社にお金が入ってくるもので財務キャッシュフローはプラスになります。ただ銀行にお金を返済するとなると会社から銀行にお金が出ていきますから、財務キャッシュフローはマイナスになります。

基本的には、会社は常にお金は返したほうがいいのでマイナスであっても健全という判断ができます。

以上のことからハウス食品のキャッシュフローを見ていくと、営業キャッシュフローは＋２３６００（百万円）、投資キャッシュフローが－１３７００（百万円）、フリーキャッシュフローが「２３６００＋（－１３７００）」で＋９９００（百万円）となり、「営業キャッシュフロー＋」「投資キャッシュフロー－」「フリーキャッシュフロー＋」となります。

ここに判断基準を加えていきます。営業キャッシュフロー、フリーキャッシュフローともにプラスだったら◎、営業キャッシュフローがプラスでフリーキャッシュフローがマイナスの場合は△、営業・フリーキャッシュフローともにマイナスだった場合×です。

ハウス食品のケースで見ると、営業キャッシュフローがプラスですし、フリーキャッシュフローもプラスですから◎ということになります。

【キャッシュフローから企業の健全性を測る】

営業キャッシュフロー＋　フリーキャッシュフロー＋　◎
営業キャッシュフロー＋　フリーキャッシュフロー－　△
営業キャッシュフロー－　フリーキャッシュフロー－　×

キャッシュフローを見ることがなぜ大事なのかは、「**企業の継続性**」がわかるからです。

私はこれを生命維持装置と言っています。つまり、お金のやり取りが止まった瞬間に破産です。いわゆる営業キャッシュフローがマイナスでも業績が上がっている会社というのはとても危険で、つまり本業のお金が回っていないので、銀行からお金を引っ張ってきて回しているというのが一般的です。そうした場合、銀行の融資がストップした瞬間にアウトで、見た目の業績もすべてそこで終わってしまう黒字倒産となるのです。ですから企業の継続性、つまり生命維持装置というわけです。

このように、キャッシュフローを見ることで企業の継続性を判断することができます。

企業の健全性がわかるキャッシュフロー表

	CF の意味	意味	プラス（△）の場合	マイナス（▲）の場合
①	営業キャッシュフロー（営業 CF）	本業の「収入」と「支出」	○本業の収入がある	×本業の現金収入がない
②	投資キャッシュフロー（投資 CF）	投資の「投資」と「回収」	投資回収期	○投資期
①＋②	フリーキャッシュフロー（FCF）	自由に使えるお金（営業 CF と投資 CF を足したもの）	○自由に使える現金がある	×現金が不足しているため調達が必要
③	財務キャッシュフロー（財務 CF）	資金の「調達」と「返済」	資金を調達している	○資金の返済をしている

理想は……
営業 CF「△プラス」、投資 CF「▲マイナス」、FCF「△プラス」、
財務 CF「▲マイナス」

Jブロック（業績）のウラ読み術

見るべき数字は売上高と営業利益だけでいい

Jブロックは損益計算書です。損益計算書は四季報には縦に決算期、横に左から売上高、営業利益、経常利益、純利益と並んでいます。営業利益や経常利益、純利益とは何かという話ですが、あまり難しく考えなくてよくて、「利益とは何か」という視点で**「売上－コスト＝利益」**と考えればいいだけです。単純に何のコストを引くかによって利益の種類が違うという考え方です（１２０ページ参照）。

四季報では図の青い文字になっている項目が掲載されていますが、説明していくと、まず売上高が立ちます、そこから原材料費等を差し引くと売上総利益、俗に言う粗利になります。居酒屋のチューハイは粗利が80％などと言いますが、売り値から仕入れ値を引いたものが粗利です。

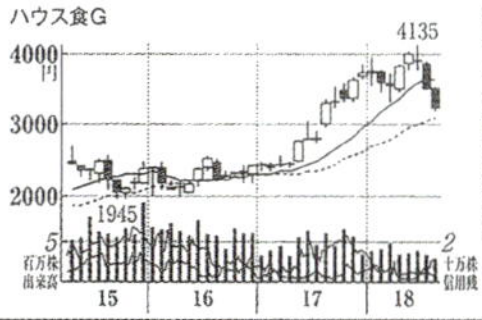

【株価指標】
予想PER （倍）
〈19.3〉 33.9
〈20.3〉 32.3
実績PER
高値平均 36.7
安値平均 24.8
PBR 1.34
株価(8/27)
3300円
最低購入額
33万円

Jブロック
業績

2810
ハウス食品《しょくひん》グループ本社《ほんしゃ》
【決算】3月
【設立】1947.6
【上場】1971.7

【特色】カレールウ国内首位。飲料、健康食品も。海外は米国豆腐が柱。中国育成中。子会社に壱番屋
【連結事業】香辛・調味加工食品46(9)、健康食品(3)、海外食品8(12)、外食18(0)、他食品関連12(3)【海外】12〈18・3〉1711

【連続増配】柱の国内加工食品はレトルトが前期反動で軟調だが、ルウ主力品で販促効き横ばい維持。海外は中国で拡大・深耕進み、米国の豆腐も業務用販路拡大し伸びる。下期重い広告販促費こなし増益続く。
【本格参入】これまで業務用のみだった乳酸菌事業を消費者向けにも拡大、飲料に加えルウや菓子などにも横展開。好調続く「1日分のビタミン」ゼリーは派生品展開。

年月	【資本異動】	万株
83. 1	無1:0.1	8,392
84. 1	無1:0.1	9,231
94. 5	分1→1.1	11,391
14. 7	消却	10,275

東証	高値	安値
71~16	3000(89)	615(74)
17	3870(12)	2352(1)
18.1~8	4135(6)	3210(8)

	高値	安値	出来万株
18. 6	4135	3785	398
7	3900	3520	345
#8	3575	3210	325

【成長力】2.8% 5期年率6.8%
利益率5.6% 5期平均4.5%
【四半期進捗率】3期平均18.7%
今期25.4%(+6.7%)
【業種】食品
時価総額順位 14／168社
【比較会社】2811 カゴメ, 2809 キユーピー, 2805 エスビー

【株式】7/31 102,758千株
単位 100株 [貸借] [優待]
時価総額 3,391億円
【財務】〈連18.6〉 百万円
総資産 377,812
自己資本 252,573
自己資本比率 66.9%
資本金 9,948
利益剰余金 188,918
有利子負債 6,537
【指標等】 〈連18.3〉
ROE 3.8% 予4.0%
ROA 2.5% 予2.6%
調整1株益 ―円
最高純益(16.3) 22,632
設備投資 106億 予130億
減価償却 91億 予 90億
研究開発 39億 予 ‥億
【キャッシュフロー】 億円
営業CF 236(212)
投資CF ▲137(▲21)
財務CF ▲53(▲73)
現金同等物 602(555)

【株主】㊕61,713名〈18.3〉 万株
ハウス興産 1,258(12.2)
㈱HKL 670(6.5)
三井住友銀行 366(3.5)
日本トラスティ信託口 293(2.8)
日本マスター信託口 291(2.8)
公益財団法人浦上食品・食文化振興財団 290(2.8)
味の素 269(2.6)
ハウス恒心会 222(2.1)
浦上節子 201(1.9)
日本生命保険 184(1.7)
〈外国〉11.4% 〈浮動株〉13.3%
〈投信〉3.8% 〈特定株〉46.5%
【役員】㈳浦上博史 ㈹松本惠司 広浦康勝 工東正彦 ㈹藤井豊明 小池章 大澤善行 宮奥美行 山本郁克* 西藤久三* 常監加藤浩 田口昌男 監蒲野宏之* 藤井順輔* 岩本保*
【連結】ハウス食品, ハウスウェルネスフーズ, 壱番屋

【業績】(百万円)	売上高	営業利益	経常利益	純利益	1株益(円)	1株配(円)
連16. 3	241,893	10,775	12,152	22,632	220.5	30
連17. 3	283,812	12,312	13,951	8,683	84.5	32
連18. 3	291,897	16,288	17,207	9,353	91.0	38
連19. 3予	301,300	17,000	18,000	10,000	97.3	40
連20. 3予	310,000	18,000	19,000	10,500	102.2	40~42
中17. 9	143,434	7,456	8,010	4,328	42.1	18
中18. 9予	150,000	7,900	8,500	4,700	45.7	20
四17. 4- 6	70,358	3,819	3,958	2,262	22.0	
四18. 4- 6	71,305	4,310	4,660	2,715	26.4	
会19. 3予	301,300	17,000	18,000	10,000	(18.5.10発表)	

【配当】	配当金(円)
16. 3	15
16. 9	15
17. 3	17
17. 9	18
18. 3	20
18. 9予	20
19. 3予	20

予想配当利回り 1.21%
1株純資産(円)〈連18. 6〉
2,458 (2,451)

【大阪本社】577-8520大阪府東大阪市御厨栄町1-5-7 ☎06-6788-1231
【東京本社】102-8560東京都千代田区紀尾井町6-3 ☎03-3264-1231
【従業員】〈18.6〉連6,264名 単305名(41.0歳)年791万円
【証券】上東京 幹(主)野村(副)大和, みずほ, 三菱Uモル 名三井住友信 監トーマツ
【銀行】三井住友, 三菱U, 三井住友信
【仕入先】三菱商事, 豊田通商
【販売先】加藤産業, 三菱食品

会社四季報 2018 年秋号

そこから販管費（販売管理費＝広告・人件費等）を引いたものが営業利益になります。こう見ると、この売上高と営業利益の2つだけで基本的に商売が成り立ちます。つまり本業の利益と言われるものが営業利益です。私は基本的にこの2つの数字を見ています。

経常利益になると、営業外損益という、おそらく利息や配当の差し引き後の利益になります。ただ営業利益の少し難しいところは、たとえば商社のように投資会社をたくさん持っている場合には、営業利益より経常利益が上回るケースがあります。なぜならさまざま

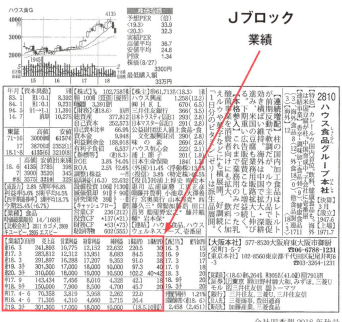

売上の構造とは？

売上高（トップライン）

（－）売上原価　⇒原材料費等

売上総利益（粗利）

（－）販管費　⇒広告・人件費等

営業利益

（±）営業外損益　⇒利息・配当等

（「売上高」〜「営業外損益」：「稼ぐ力」がわかる）

経常利益

（±）特別損益　⇒土地売却・災害等

税引前利益

（－）税金等

純利益
（ボトムライン）

配当等
外部流出

内部留保

※利益に対して、株主への配当など外部に流出する比率を「配当性向」「株主還元率」と言う。

な会社に投資した配当で入ってくるからです。ですから下にある経常利益のほうが大きくなることがあります。

ですから、基本的には**「売上高」**と**「営業利益」**を見ておけば、その本業の力がわかるということになります。ちなみに、一番上の売上部分をトップライン、純利益をボトムラインと言い、よく「何があってもトップラインは伸ばさないといけない」と言われますが、これは売上のことを指しています。なぜなら一番上にあるからです。

Ｊブロックにはかなりの数字が並んでいますが、見るべきところはとてもシンプルで、「前期・今期予想・来期予想」の３期分だけです。ハウス食品の例で見れば、「18・3」「19・3予」「20・3予」の３つの売上高と営業利益、つまり**合計６個の数字だけを見ればいい**だけです（次ページ参照）。

ここでの考え方は、売上高を縦に見て伸び率を計算していくのですが、これを「増収率」、つまり「売上の伸び率」になります。利益というのは「売上－コスト」ですから、コストを減らすことで利益を上げるということになります。ただし売上というトップラインから企業は伸ばしていくしかなく、これが成長性、つまり売上げの伸びを**「成長性」**と言います。

「稼ぐ力」と「成長性」がわかる6つの数字

【業績】(百万円)	売上高	営業利益
連16. 3	241,893	10,775
連17. 3	283,812	12,312
連18. 3	291,897	16,288
連19. 3予	301,300	17,000
連20. 3予	310,000	18,000

稼ぐ力
「営業利益率」

成長性
「増収率」

そこで縦に伸び率を計算することを「成長性を測る」と言い、利益の伸びを測ることは「利益成長性」を計算していることになります。

計算式は次のようになります。

【今期の売上の伸び率】
（今期の売上高÷前期の売上高－１）×１００

【来期の売上の伸び率】
（来期の売上高÷今期の売上高－１）×１００

たとえば、ハウス食品の売上の伸び率を計算してみると、「（３０１３００百万円÷２９１８９７百万円－１）×１００＝３・２％」（今期の売上の伸び率）、「（３１００００百万円÷３０１３００百万円－１）×１００＝２・９％」（来期の売上の伸び率）となります。

次に営業利益の伸び率は横に見て計算していきますが、考え方は「稼ぐ力」、つまり売上高からどれだけ利益を残す力があるかを測ることができます。これを「優良性」と言います。

計算式は次のようになります。

【今期の営業利益の伸び率】
（今期の売上高÷前期の売上高－1）×100
【来期の営業利益の伸び率】
（来期の売上高÷今期の売上高－1）×100

同じように、ハウス食品の営業利益の伸び率を計算してみると、「（17000百万円÷16288百万円－1）×100＝4・4％」（今期の営業利益の伸び率）、「（18000百万円÷17000百万円－1）×100＝5・9％」（来期の営業利益の伸び率）となります。

まずは、この数字をとらえておいて企業の成長性を把握しておくことです。

企業の成長性を判断してみよう

先ほど計算して出した売上高の伸び率と営業利益の伸び率をどう判断したらいいのかですが、まず売上高の伸び率に関しては、20％以上なら◎、10％以上20％未満なら○、0％以上10％未満なら△、マイナスなら×で判定します。

【売上高の伸び率から成長性を測る】

20％以上	◎
10％以上20％未満	○
0％以上10％未満	△
マイナス	×

ハウス食品の場合、今期の売上高の伸び率は3・2％で△、来期の伸び率は2・9％で△というように、あなたが選んだ銘柄でも同じように判定していきます。

次に営業利益の伸び率についての判定ですが、ここでは業界平均の営業利益率と比べてどうかという見方で判断していきます。

その際、第2章で解説した「【業種別】業績展望」から計算した数字と比べていきます。前にも説明した通り、「【業種別】業績展望」は東証33業種別に分類されたそれぞれのセクターの銘柄の集計値が掲載されています。ここで見るべきポイントはこの「営業利益」の項目です。

ハウス食品は食料品業界ですから、業界全体の営業利益は15527億円ということがわかります。今度は1社当たりの平均を計算すると「15527億円÷111社＝約139億8800万円」となり、これが食品業界の平均的な営業利益です。最後に食品業界の営業利益率は、「営業利益÷売上高×100（%）」で「15527億円÷206718億円×100＝7・5（%）」となります。

こうして出た営業利益率（稼ぐ力＝優良性）からあなたが選んだ銘柄と比較すればいいわけです。

判定は、営業利益率が10%以上だったら◎、業界平均以上10%未満なら○、ゼロ以上業界平均未満なら△、マイナスなら×とします。

【営業利益の伸び率から成長性を測る】

10％以上	◎
業界平均以上10％未満	○
ゼロ以上業界平均未満なら	△
マイナス	×

ハウス食品のは業界平均は7・5％に対して今期が5・6％、来期が5・8％ですから、ゼロ以上平均未満で今期・来期ともに△となります。

以上、Ｊブロックでは売上高と営業利益から、それぞれ企業の成長性と稼ぐ力（優良性）がわかるのです（業種によっては判断の仕方が違うものがあります）。

Nブロック（株価チャート・株価指標）のウラ読み術

チャートはあくまで方向性を見るだけでいい

ウラ読み術の最後はチャート分析とバリエーションです。

チャートは、簡単に言うと株価の動きを見るためのグラフです、基本的には、「ローソク足」「移動平均線」「出来高の棒グラフ」という3つのパーツでできています。

ローソク足は、株価の動きを表示したものです。ローソクのような形をしていて、長方形の胴体部分と上下の線から成っています。上の線は「上ヒゲ」と呼ばれ高値を示しています。下の線は「下ヒゲ」と呼ばれ安値を表しています。

この胴体部分は、「白抜き」と「黒塗り」があります。白抜きは「陽線」と呼ばれ、下辺が月初めの「始値」を、上辺は月末の「終値」を表しています。一方、黒塗りのほうは「陰線」と呼ばれ、上辺が始値、下辺が終値を示しています。

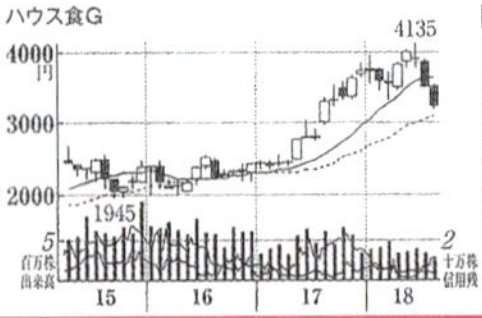

株価指標
予想PER （倍）
〈19.3〉 33.9
〈20.3〉 32.3
実績PER
高値平均 36.7
安値平均 24.8
PBR 1.34
株価(8/27)
3300円
最低購入額
33万円

Nブロック
株価チャート・株価指標

2810
ハウス食品《しょくひん》グループ本社《ほんしゃ》
【決算】3月
【設立】1947.6
【上場】1971.7

【特色】カレールウ国内首位。飲料、健康食品も。海外は米国豆腐が柱。中国育成中。子会社に壱番屋
【連結事業】香辛・調味加工食品46(9)、健康食品8(12)、外食18(0)、他食品関連12(3)【海外】(3)〈18・3〉1711

【連続増配】柱の国内加工食品はレトルトが前期反動で軟調だが、ルウ主力品で販促効き横ばい維持。海外は中国で拡大・深耕進み、米国の豆腐も業務用販路拡大し伸びる。下期重い広告販促費こなし増益続く。
【本格参入】これまで業務用のみだった乳酸菌事業を消費者向けにも拡大、飲料に加えルウや菓子などにも横展開。好調続く「1日分のビタミン」ゼリーは派生品展開。

年月【資本異動】		万株
83. 1	無1:0.1	8,392
84. 1	無1:0.1	9,231
94. 5	分1→1.1	11,391
14. 7	消却	10,275

東証	高値	安値
71~16	3000(89)	615(74)
17	3870(12)	2352(1)
18.1~8	4135(6)	3210(8)

	高値	安値	出来万株
18. 6	4135	3785	398
7	3900	3520	345
#8	3575	3210	325

【成長力】2.8% 5期年率6.8%
利益率5.6% 5期平均4.5%
【四半期進捗率】3期平均18.7%
今期25.4%(+6.7%)
【業種】食品
時価総額順位 14/168社
【比較会社】2811 カゴメ, 2809 キユーピー, 2805 エスビー

【株式】7/31 102,758千株
単位 100株 [貸借] [優待]
時価総額 3,391億円
【財務】〈連18.6〉 百万円
総資産 377,812
自己資本 252,573
自己資本比率 66.9%
資本金 9,948
利益剰余金 188,918
有利子負債 6,537
【指標等】 〈連18.3〉
ROE 3.8% 予4.0%
ROA 2.5% 予2.6%
調整1株益 ―円
最高純益(16.3) 22,632
設備投資 106億 予130億
減価償却 91億 予 90億
研究開発 39億 予 ‥億
【キャッシュフロー】 億円
営業CF 236(212)
投資CF ▲137(▲21)
財務CF ▲53(▲73)
現金同等物 602(555)

【株主】㊥61,713名〈18.3〉 万株
ハウス興産 1,258(12.2)
㈱ H K L 670(6.5)
三井住友銀行 366(3.5)
日本トラスティ信託口 293(2.8)
日本マスター信託口 291(2.8)
公益財団法人浦上食品・食文化振興財団 290(2.8)
味の素 269(2.6)
ハウス恒心会 222(2.1)
浦上節子 201(1.9)
日本生命保険 184(1.7)
〈外国〉11.4% 〈浮動株〉13.3%
〈投信〉 3.8% 〈特定株〉40.5%
【役員】(社)浦上博史 (副)松本惠司 広浦康勝 工東正彦 (取)藤井豊明 小池章 大澤善行 宮奥美行 山本邦克* 西藤久三* (常監)加藤浩 田口昌男 (監)蒲野宏之* 藤井順輔* 岩本保*
【連結】ハウス食品, ハウスウェルネスフーズ, 壱番屋

【業績】(百万円)	売上高	営業利益	経常利益	純利益	1株益(円)	1株配(円)
連16. 3	241,893	10,775	12,152	22,632	220.5	30
連17. 3	283,812	12,312	13,951	8,683	84.5	32
連18. 3	291,897	16,288	17,207	9,353	91.0	38
連19. 3予	301,300	17,000	18,000	10,000	97.3	40
連20. 3予	310,000	18,000	19,000	10,500	102.2	40~42
中17. 9	143,434	7,456	8,010	4,328	42.1	18
中18. 9予	150,000	7,900	8,500	4,700	45.7	20
四17. 4- 6	70,358	3,819	3,958	2,262	22.0	
四18. 4- 6	71,305	4,310	4,660	2,715	26.4	
会19. 3予	301,300	17,000	18,000	10,000	(18.5.10発表)	

【配当】	配当金(円)
16. 3	15
16. 9	15
17. 3	17
17. 9	18
18. 3	20
18. 9予	20
19. 3予	20

予想配当利回り 1.21%
1株純資産(円)〈連18. 6〉
2,458 (2,451)

【大阪本社】577-8520大阪府東大阪市御厨栄町1-5-7 ☎06-6788-1231
【東京本社】102-8560東京都千代田区紀尾井町6-3 ☎03-3264-1231
【従業員】〈18.6〉連6,264名 単305名(41.0歳)年791万円
【証券】上東京 幹(主)野村(副)大和, みずほ, 三菱Uモル 名三井住友信 監トーマツ
【銀行】三井住友, 三菱U, 三井住友信
【仕入先】三菱商事, 豊田通商
【販売先】加藤産業, 三菱食品

会社四季報 2018 年秋号

白抜きの陽線は始値より高値で終わったときに使い、黒塗りの陰線は始値より下落して終わったとき使用します。

こうしたローソク足を左から右に連なるように並べていき、それで株価の変動を表すものがローソク足チャートです。

四季報のチャートは月足チャートという形になっていて、41カ月分、3年強のチャートになっています。チャートの読み方はそれこそごまんと書籍が出ていますが、ここでは大まかなトレンド、方向性を知るという意味で使ってくだ

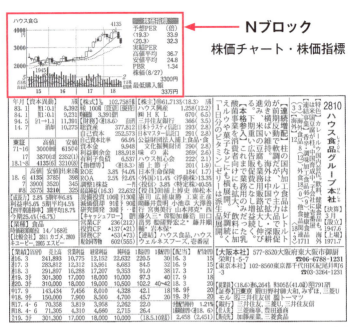

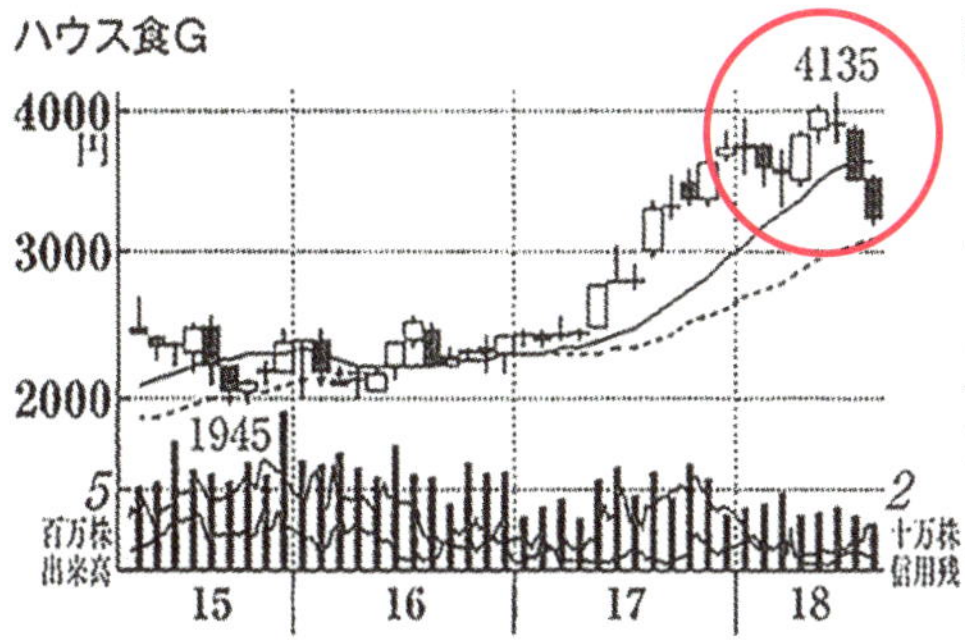

株価指標	
予想PER	（倍）
〈19.3〉	33.9
〈20.3〉	32.3
実績PER	
高値平均	36.7
安値平均	24.8
PBR	1.34
株価（8/27）	
	3300円
最低購入額	
	33万円

さい。実際に株を売買しようとすると、実際には株価の位置がまったく違ったりしますので、あくまでも大きな転換として、「どうなっているのか？」というふうに見ていきます。

チャートを見る場合の1つ目のチェックポイントですが、上図右端あたりを見てください。そしてローソク足が、白抜きが多いか黒塗りが多いかだけで判断します。

もしローソク足が月初めから月末にかけて株価が上がっていると白抜きになり、逆に月初めから月末にかけて株価が下がってきますと黒塗りになります。これによって方向性がどちらに向かっているかというのがわかればいいのです。

白抜きが多ければ○、黒塗りが多ければ×、もしローソク足が短くてどちらかわからなければ△でかまいません。

【ローソク足から方向性を見る】

白抜きが多い　○

黒塗りが多い　×

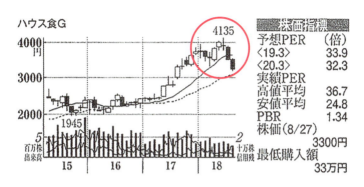

どちらかわからない　△

2つ目は移動平均線です。四季報の移動平均線は2種類あり、実線が12カ月平均、つまり1年間で、点線が24カ月、つまり2年間です。どういう意味か簡単に説明すると、12カ月移動平均線は過去1年間で平均売買された価格、24カ月移動平均線は過去2年間で売買された価格ということになります。

ここでも方向性だけを見ていきますから、簡単に移動平均線が上向いていれば○、下向いていれば×、よくわからない場合は△とします。

【移動平均線から方向性を見る】

上向いている　○

下向いている　×

どちらかわからない　△

3つ目は、チャート（ローソク足）が移動平均線の上にいるか下にいるかを見ていきます。チャートが移動平均線の上にあれば○、下にあれば×。わからない場合は△で判断します。

これも方向性だけの判定ですから、わからなければ直感で○×を付けてもかまいません。

【チャートと移動平均線から方向性を見る】

チャートが上にある ○

チャートが下にある ×

どちらかわからない △

以上の3つの結果からいいか悪いかを判断するわけですが、すべて○だった場合はかなり強い上昇トレードと言えます。全部×であれば底を打っている可能性があり買いかもしれません。実は**どちらがいいということはない**のです。

これは投資のスタイルによるもので、それこそ相性というものがあるのです。すべて○といった株価はさらに上昇していく可能性がありますが、この高値で買ってさらに上がった高値で売るスタイルを「順張り」と言います。逆に全部×という場合は底を打った可能性もありますから、安値で買い上昇トレンドになるまで株を持ち続けるスタイルを「逆張り」と言います。

それこそ個人の投資スタイルによりますので、チャートは感覚的なものを大事にしていきます。

たとえば、今まで上がってきたチャートが黒塗りに変化したとします。なおかつ移動平均線も上を向いていたものが下がっているとします。これはつまり、転換が起きているサインではないかと考えたほうがいいときもあります。

というのも、12カ月移動平均線というのは1年間で売買された株価の平均値ですから、少なくとも1年以内で売買された人は、この値段で買っているということを意味します。つまり、現在のチャートが下がっているということは、平均的にみな損をしているということです。これが24カ月移動平均線も下にいくと、2年で買った人もみな損するということになりますから、これはますますチャートが悪化するということです。これは大きく転換してしまっている可能性があるという方向性がわかるのです。

Bブロックのコメント欄の項目を思い出してほしいのですが、短期的なコメント1には、ポジティブワードが多くあった中で、ネガティブワードが出始めている、しかし中長期的なコメント2はとくに変わっていないというケース。こういったことがまさにチャートに表れているということなのです。

移動平均線は上を向いているが、短期的には下に向いてきているのは、何か変化が起きているのではないかということが、ここでわかってくるということです。

PERを割安かどうかで考えると間違える

チャートの右側には株価指標が掲載されています。この指標からバリエーションを見ていきます。バリエーションとは、株式市場における企業の利益、資産に対する企業価値評価のことを言います。

まず基本中の基本のPER（price earnings ratio＝株価収益率）を計算してみます。

PERというのは「株価÷１株利益」で、１株当たりの利益（EPS）はJブロックに掲載されている１株益を見ます。ハウス食品の場合は、「株価３３００円÷97・３（19・３予）＝33・９円」で株価指数の「予想PER〈19・３〉の33・９倍」の通りとなります。

そして、２０１８年９月末の東証１部の平均PERが14・７倍でした。

通常、このPERを比較して平均に対して33・９倍だから、割高だというのが一般的な解釈で、約90％の書籍でもそう書いてあります。つまり、普通の市場平均14・７倍であれば、PERが10倍のほうが割安だから、そっちを買いなさいという解説になっています。

「期待値」と「指標」からPERを見ると……

意味	指標として見る	期待値として見る
PER 高い	割高：売り	期待値高い：買い
PER 低い	割安：買い	期待値低い：売り

しかし私は、100%これを否定しています。それには理由があって、PERと言っても実は2面性があり、これを理解しないと大きな間違いを犯してしまうからです。PERには、「指標として見るというPER」と「期待値として見るPER」という2種類あります。世間一般で言っているのは、指標として見るPERの話で、平均に対して割安だったら買い、平均に対して割高だったら売りという考え方です。

しかし、期待値として見た場合どうなるかというと、PERが高いということは、期待値が高いから買いだということでもあります。逆にPERが低いということは期待値が低いから売りだとなり、指標として見るPERとは真逆になってしまうのです（上図参照）。

これは私が実際に経験した話ですが、あるベテランのファンドマネジャーと会話しているときに、「もし2つの銘柄の

株価を主語にするとPERの見方が変わる

$$\mathrm{PER} = \frac{\text{株価}}{\text{1株当たりの利益}}$$

↓

株価＝PER×１株当たりの利益

うち、どれか１つ買わなければならないという局面がきた場合、俺は迷わずＰＥＲの高いほうを買うよ。だって期待値が高いんだろう」と言いました。これがまさに実務の話です。

当たり前の話ですが、今まさに株が上がっている銘柄は全部ＰＥＲが高い。市場に対して割高だから売りだと言っていたら、ずっとやられっぱなしなわけです。つまり、期待値としての側面が強かったということです。

そもそもＰＥＲを語って株価の上げ下げを語ること自体が私に言わせるとナンセンスで、実は意味がないと考えています。なぜなら簡単な話で、株価が上がるか下がるかという議論は本当は「株価が主語」だからです（上図参照）。

ところがＰＥＲの議論になると、そこに株価という言葉が出てくることなしに、〝ＰＥＲが低いのは株価が上がる〟という話がどこにも出てこないのです。

ＰＥＲは株価÷１株利益、つまり今の株価が１株利益に対して何倍買われているかという話で、いつまで経っても〝株価〟が出てこない。ですから株価を主語にしようとするならば、**「株価＝ＰＥＲ×１株利益」**という考え方をしなければならないと思っています。

株価が高いか安いかよりも大事な「カタリスト」

投資する際に、株価が高いか安いかよりもっと大事なことが「カタリスト」と呼ばれるものです。カタリストとは直訳すると「触媒」という意味ですが、株式市場では相場や株価の変動を誘発する材料やきっかけ、簡単に言えば「相場を動かす材料」です。

しかしＰＥＲに関しては、このカタリストが深く考えられていません。たとえばＰＥＲが低い株が上がるという人は、「そのカタリストのきっかけは何か？」というと、きっかけのカタリストまで考えられていないのです。なんとなくそうじゃないかと思うと、これがほとんど間違いの原因です。

ではカタリストを考えるときには、先ほど述べた「株価を主語」にした式に展開しない限りカタリストは見えません。つまり「株価＝ＰＥＲ×１株利益」ですから、株価が上がるには**ＰＥＲが切り上がるか、もしくは利益が切り上がるか**のどちらかしかないからです。

ＰＥＲが切り上がるというのは「期待値が上がっていきますよ。その材料はこんなテーマだ、何か新製品が出るぞ」というようなものであり、まさにそれが期待値として株価が上がっていったりするのです。もう1つは、利益そのものが上がることによって株価が上がります。

ＰＥＲが割安だという株に投資する、いわゆるバリュー投資をしていてもうまくいかない人は、「カタリストが現れそうな株」を選ぶことができていないからです。言い換えれば、投資している（または、しようとしている）企業のことを調べていないということです。

カタリストが現れそうな株というのは、ＰＥＲだけでは測れないということがおわかりいただけたと思います。

ＰＥＧとＰＳＲという指標と期待値を両立させるバリエーション

では、指標と期待値を両立させるバリエーションはないかということで、私はＰＥＧ（price Earnings Growth Ratio＝ペグ）を使っています。これはＰＥＲを成長率で割ったものです。

どういうことかと言いますと、たとえばＰＥＲが20倍で成長率が10％だとした場合、20

÷10＝2で、何を意味しているかというと、1％の成長に対してPERが何倍買われているかという「成長性（1単位当たり）」の共通な尺度になります。ですから、PEGの値が平均に対して上回ったら割高、平均より下回ったら割安という形で判断していきます。

実際にPEGの計算ですが、やはり一般的に使えるもので、すぐに計算できる、しかも一般的にも出ているようなデータがいいので、私は営業利益の2期平均の増益率を成長性と見て使っています。


【PEGの計算式】

PER÷2期増益平均（今期・来期営業増益率）

ハウス食品で見てみると、Jブロックで計算した営業利益の伸び率の今期・来期の伸び率を足して2で割った値（今期営業利益の伸び率4・4％、来期営業利益の伸び率5・9％）ですから、5・1％が2期増益平均となります。

そうするとPEGは「33・2÷5・1＝6・5倍」となります。

これを市場平均と比較して判断していきます。そこで市場平均はどうすればいいかということですが、第2章で挙げた「市場別決算業績集計表」を使います（59ページ参照）。2

期増益平均ですから営業利益の東証1部「(今期＋来期)÷2」で2期の平均が出ます。

2018年秋号の今期の営業増益率は6・7%、来期は5・8%なので、先ほども出た東証1部平均PER14・7%で計算すると「14・7÷[(6・7＋5・8)÷2]＝2・4倍となります。これが東証1部の平均PEGになります。

また、この後で判断材料として使用するのが新興市場（マザーズ）における平均PEGです。これは同じく「市場別決算業績集計表」から割り出すことができます。2018年9月末時点でのマザーズ単純平均PERが99・9倍（日本取引所グループのホームページより直近月末の「加重平均PERを使用」）ですから、新興市場の今期営業増益率（20・7%）と来期営業増益率（27・7%）の平均が24・2%、新興PEGを計算すると「99・9÷24・2＝約4・1倍」となります。

そしてもう1つ、実は私がけっこう使っているバリエーションにPSR（Price to Sales Ratio＝株価売上購買率）というものがあります。PSRとは、1株の売上に対して株価が何倍で買われているかという考え方ですが、一般的には成長性は売上の伸び「増収率」ですので、「成長企業の株価水準の妥当性」を見るときに活用するバリエーションです。

このPSRを私は「時価総額÷今期売上高」という形で簡単にしています。

【PSRの計算式】

時価総額÷今期売上高

ハウス食品のPSRを計算すると「3391億円（時価総額）÷3013億円＝1・1倍」となります。

PER、PEG、PSRの3つの指標から市場評価をしてみよう

ここまででバリエーションの考え方がおわかりいただけたと思いますので、いよいよ最後の判定に入ります。

まずPERは単純に東証1部の平均以下なら◎、東証の1部平均超だったら×です。これは先ほども述べたPERを指標化してみるという判断で○×をしていきます。

次にPEGに関しては◎、○、×で判定していきます。東証1部の平均以下かつ新興市場の平均以下、つまりどちらも下回っているなら◎。東証1部の平均を超えてはいるが新興市場の平均を下回っているなら○。東証1部平均、新興市場の平均のどちらも上回って

いれば×です。

PSRの判定は私独自の視点で決めています。1倍以下だったら◎で、なぜ1倍にしているかというと、日本の株式市場全体の平均PSRはだいたい1倍だからです。これは実は簡単で、【業種別】業績展望（62～63ページ）を見ていただくと、売上の総額が出ていて650兆円くらいで、現在の株式市場がおよそ600兆円くらいということで約1倍にしています。つまり1倍以下だったら◎です。

次は1倍超4倍以下だったら○です。これは拙著『会社四季報の達人が教える10倍株・100倍株の探し方』（東洋経済新報社）にも書いているのですが、テンバガー的な条件をそろえた銘柄を平均すると、なんとなく4倍になります。ということで、1倍超4倍以下は○です。次に4倍超10倍以下が△で、10倍というのは、たとえばキーエンス（2018年9月14日現在）がかなり割高で13倍なので、これを基準にしてみるということで△、最後に10倍超は×です。

以上の判定をまとめてみます。

【PERから見る市場評価・投資判断】

東証1部平均以下　○

東証1部平均以上	×

【PEGから見る市場評価・投資判断】

東証1部平均以下かつ新興平均以下（PEG≦東証、PEG≦新興）	◎
東証1部平均超かつ新興平均以下（東証＜PEG≦新興）	○
東証1部平均超かつ新興平均超（東証＜PEG、新興＜PEG）	×

【PSRから見る市場評価・投資判断】

1倍以下	◎
1倍超、4倍以下	○
4倍超、10倍以下	△
10倍超	×

以上、3つのバリエーションから見てみると、今までPER平均だけで割高だから買えないと言っていた株がPEGやPSRを見ると俄然、安いというように見えてきたりと、さまざまな見方ができるのです。

比較するときのスクリーニングはネットが便利

この章の最後にNブロックにおけるチャートの活用術として、「会社四季報オンライン」について触れておきたいと思います。「会社四季報オンライン」でのチャート活用法は、**投資の対象企業を選ぶスクリーニング**です。スクリーニングとは、さまざまな状況や条件の中から必要なものを選出することをいいます。

株式市場には、数千にも上る企業があります。株を買うときにいろいろな銘柄から条件に合ったものを絞り込み、その中からスクリーニングしていく必要があります。

株式投資をしている人なら誰もが、これから大きく値上がりするような株を見つけ出して投資し、資産を大きく増やしたいと思うものです。

株式投資で大きな成果を上げ続けるためには、今後値上がりしそうな銘柄を的確に選んでいくことが求められます。ただ、初心者にとって数千もある銘柄の中から値上がりが期待できる銘柄を選び抜くのは至難の業です。

実際、今後値上がりしそうな銘柄を探そうとするとき、一般に企業が発表する業績予想やニュースを掲載した投資サイト、証券会社が提供するチャートなどさまざまなツールを複合して使用する必要があります。ですが、これらを最初から確認して銘柄を探し出すのは大変なことです。

ところが、スクリーニングという機能を使うことで銘柄を的確に選び抜くことができます。これは条件さえ整えば、その条件に沿って銘柄を絞り出すことで自動的にコンピュータによって銘柄を選別することができるのです。

したがって、効率的にスクリーニングをすることで株価が底値から10倍以上にもなるような大化け株が発掘できることもあるのです。

「会社四季報オンライン」では、検索機能もよく使われています。たとえば、イスラム系のハラル食品を調べたいとき、ハラルというキーワードで検索すると関連する銘柄がすべて出てきます。それを、絞り込んでいけばいいのです。

さらに、アーカイブで過去の四季報がすべて見られます。

四季報で経済活動のビッグ・ピクチャー（大局）を見る

外務省が在外公館などを通じて実施した「海外進出日系企業実態調査」（２０１５年10月1日時点）によると、海外進出している日系企業の総数（拠点数）は7万１１２９拠点（前年比３・７％増）で過去最多を更新しています。

私が毎月発行している会員向けの冊子「複眼月報」（２０１７年5月号）から、国別の日系企業の海外進出数のランキング上位10カ国と、その10カ国の過去5年間の拠点数伸び率平均を示したものがあります（次ページ参照）。

海外拠点数伸び率平均が高いということは、日本企業が海外拠点を増やしていることを意味しており、その国に対して注力しているということです。

この表から日系企業がもっとも多く進出しているのは中国で、その数は3万３３９０拠点と断トツのトップです。これを2位の米国７８４９拠点、インド４３１５拠点が追い、それ以下は横一線であまり大差がありません。

次に伸び率を見ていくと、過去5年間で拠点数が2桁で増えたのは2カ国しかありませ

●国別日系企業（拠点）数の上位10位

1	中国	33,390
2	米国	7,849
3	インド	4,315
4	ドイツ	1,777
5	タイ	1,725
6	インドネシア	1,697
7	ベトナム	1,578
8	フィリピン	1,448
9	マレーシア	1,383
10	台湾	1,125

●上位10位の過去５年の拠点数の伸び率平均

1	インド	29.7%
2	ベトナム	10.0%
3	フィリピン	6.5%
4	インドネシア	6.2%
5	米国	4.9%
6	タイ	4.8%
7	ドイツ	4.4%
8	マレーシア	4.1%
9	台湾	2.6%
10	中国	2.4%

海外進出日系企業実態調査より（2015年10月1現在）

ん。29・7％増で断トツのインドと、10％増のベトナムです。

逆に拠点数でトップだった中国は伸び率では2・4％にすぎず、10カ国中で最低であることがわかります。過去十数年ずっともてはやされてきた「中国関連」企業が、ここにきてトーンダウンしているのは、このあたりに理由がありそうです。

一方で、今後期待できそうな国は拠点数の伸び率が高いインドとベトナムです。インドは12億5000万人という中国に次ぐ世界第2位の人口を誇りますので理由はわかりやすいのですが、ベトナムが注目されている理由はわかっているようで、今ひとつよくわかりません。

そこで、ベトナムの魅力を簡単にまとめてみました。

1. 年6％の安定成長

1986年に統制経済から市場経済に基づく「ドイモイ（刷新）」路線に転換した。具体的には社会主義路線の見直し、産業政策の見直し、国際協力への参加などが挙げられる。

2．**アジアビジネスの拠点**

ベトナムはＡＳＥＡＮ各国を結ぶ絶好の位置にあり、沿岸部が長いため生産・物流拠点として立地の良さが注目される。

3．**人口約９０００万人**

平均年齢は30・4歳（２０１５年）と若く、豊富な労働力を有する。しかもベトナム人は勤勉で、物事に対しても一生懸命に取り組む気質がある。

4．**親日国家**

ベトナム人はもともと親日的で、日本人との文化的な親和性が高い。

日本国内は今、人材がひっ迫しているため、今後ますますベトナムに注目が集まると思われます。また、これから大いに経済発展が望めるベトナムはインフラ需要の拡大も魅力的です。

最後に「会社四季報オンライン」を活用すれば、たとえばベトナムのキーワードでさまざまな企業が出てきますので、みなさんも試してみてください。

四季報を読み込むと、こうした企業が取り組もうとしているトレンドが見えてきます。株式投資では、こうしたビッグ・ピクチャーからの視点が欠かせません。

第4章

「会社四季報」で過去から今を学び、今から未来の仮説を立てる

「過去から今」を学ぶ四季報活用法

四季報を読み続けると面白いのは、過去から現在、そして現在から未来へと仮説を通してトレンドが見えてくることです。

投資には、短期的なトレードと中長期的なファンダメンタルがありますが、投資家としては、「はじめに」でも述べたように、国や地域、住民を潤すための活動です。つまり、投資の定義に共通する本質とは「将来のために行動を起こすこと」です。

そういった意味では、過去から現在、そして未来を見据えるのに、四季報は大変役に立つ神器の1つと言えるのです。

そこで、日本の「モノづくり」という視点から、今を見直してみます。

「モノづくり」を牽引してきたホンダとソニーから現在のトレンドを探る

ホンダ（7267）とソニー（6758）は、戦後日本の「モノづくり」を牽引《けんいん》してきた戦後ベンチャー企業の代表格です。

両社の時価総額の推移を見てみると、当初はソニーが優位でした。しかし、リーマンショック後、ホンダが逆転していました。それが今では、両社がほぼ同じになっています。これは、**国内のモノづくりが復活してきた**ことを物語っています。

ホンダは、「モノづくりの再構築」という意味で国内回帰を図っています。ＥＶ（電気自動車）に関連する工場を国内に集めて、その拠点にすることを模索しています。工場を国内に集積させ、生産の中身を一気にＥＶに切り替えていくというのは、まさに「モノづくりの再構築」です。しかも、世界市場を見据えながらメイド・イン・ジャパンの再構築まで見越しているのです。

２０１８年新春号のコメント欄には、こう書かれていました。

【国内回帰】狭山工場閉鎖し最新設備の寄居工場へ集約、ＥＶ生産技術を世界共通化し国内外拠点へ発信。

これは、ＥＶ生産設備を最新鋭の寄居工場へ集約し、その生産技術を世界共通化しようとしています。
２０１７年、ホンダは小型ジェット機の部門で販売台数世界一を達成しています。こうした流れの中で、**国内回帰という「モノづくりの再構築」といった動き**が一方で出てきているのです。この流れは、いずれ大きな流れになっていくと思います。そして、日本製が注目される「ジャポニズム」につながっていくのです（１５８ページ詳述）。

一方、同じ号の四季報でのソニーのコメント欄には、こう述べられています。

【復活】柱のゲームは有料会員増、ＰＳ４関連もなお好調。半導体はスマホ向け大幅増、震災影響ない。映画は特損なく会社計画過小。19年３月期も半導体高水準、ゲームも増勢続く。販促費増等補い最高益圏。

【アイボ】06年撤退の犬型ロボットに急きょ再参入、ＡＩ技術用いブランド磨き直し狙う。

ソニーにとって犬型ロボット【アイボ】は【復活】の象徴で、急きょ再参入したのは**ＡＩ技術を用いてソニーブランドの磨き直しを試みる**ことで、「モノづくりの再構築」を目指すということです。

国内生産にこだわるファナックの気骨

業績が非常に好調な工作機械用ＮＣ（数値制御）装置で世界首位を走るファナック（６９５４）は、産業用ロボットや小型マニシングセンターも手がけています。安い賃金に魅力を感じて海外生産が〝ブーム〟になっても安易に海外展開することもなく国内生産にこだわっています。

２０１８年１集の新春号の同社のコメント欄には、こう書かれています。

【ＡＩ技術】予防保全機能搭載の射出成形機を開発。栃木・壬生工場にレーザー機器の製造設備が完成、同分野の生産拠点に。

同社は国内でのモノづくりにこだわり、営業利益率もきわめて高く株価も堅調です。こうした気骨のある企業が業界でトップを走っていることも、「ジャポニズム」の流れが到来していることを物語っています。

そして、2018年3集の夏号のコメント欄を見ると、さらに国内でのモノづくりが進行していることがわかります。

【供給力】壬生工場は数年内にフル稼働、ＦＡ（編集部注　工場全体の自動化システムの総称）**は2倍超の月産5・5万台へ。射出形成機等も170億円投資し増強（年内完成）**。

約半年のうちに壬生《みぶ》工場はフル稼働し、ＡＩ技術を国内で本格的に推し進めている動きが、ここでも見て取れます。

和歌山一貫生産で世界に輸出する島精機製作所

島精機製作所（6222）は、そもそも軍手の編み機を製造するメーカーでした。今では、無縫製横編機の製造で業界では世界的に名が知られています。この製造では国内生産に特化し、和歌山一貫生産ですべての製品を世界に輸出しています。

繊維業界では、これまで安い人件費や人手の確保を求めてバングラデシュなど海外へ生産拠点をシフトする流れが主流でした。

この点、島精機製作所はニット生産を消費地で行う国内回帰をさせる効果的な手段としてホールガーメント（商品名）と呼ばれる無縫製横編機を開発しました。これは、1本の糸で縫い目がない製品を作れるという優れものです。

アパレルメーカーが無縫製横編機を生産部門に導入すると高効率、高生産性に加えて労働や資源への依存を軽減できるようになります。つまり、ニット生産の国内回帰は海外生産の現実的な代替手段となるのです。

アパレル業界から見ると、これを使うことによって高価格で付加価値のある商品を生み出すことができます。そこに目をつけたのが、世界的な商売を展開しているユニクロ（ファーストリテイリング、9983）でした。実際には、ユニクロと提携して商品を作ろうと言い出したのは島精機製作所のほうだと聞いています。

2018年秋号のコメントには、「ファーストリテイリングと協業強化。完全無縫製ニット衣料は量産対応へ」とあり、増配もされています。

島精機製作所の四季報【特色】欄には「和歌山一極生産」とあるように、ファナック同様、国内生産を一貫しています。こうした会社は利益率も高く、結果的に投資家から評価されていることからも、国内回帰が本格化しているとみていいでしょう。

日本電子材料もモノづくり再構築を志向

日本電子材料（6855）は、本社を兵庫県尼崎市に置く、半導体検査用プローブカードの大手です。この会社はもともと四季報【特色】欄に「海外生産比率向上に注力する」と書かれていました。

そして、2018年新春号の同社のコメント欄には、こう書かれていました。

【ものづくり再構築】職人技で深針作る既成製品からMEMS技術応用品への需要移行に対応。

ここにも、「**ものづくり再構築**」という言葉が使われています。

MEMSとは機械要素部品、センサー、アクチュエータ、電子回路を1つのシリコン基板、ガラス基板、有機材料などの上に微細加工技術によって集積化したデバイスのことを指しています。

プローブカードとはＬＳＩ（半導体集積回路）製造のウェーハ検査工程でシリコンウェーハ上に形成されたＬＳＩチップの電気的検査に用いられる治具《じぐ》のことです。半導体の製造ではウェーハ検査工程の重要性は高く、プローブカードの信頼性が強く求められています。

それで「ものづくり再構築」とは、今まで人の職人技に頼っていたウェーハ検査をＭＥＭＳ技術が駆使されたチップに代えていくという話です。この「ものづくり再構築」という言葉の使い方は、**これまでのモノづくりがガラッと変わってしまうことを予感させるキラッと光るひと言**なのです。

チップ１つ代えるといっても、これまで同社がモノづくりで蓄えてきた技術がなければできないことです。四季報の記者は、「この会社だからこそできるのではないか」と直感で感じたので、こうしたコメントになったと思われます。

さらに【国内回帰】という意味では、２０１８年夏号では、土地購入ずみの兵庫県・三田工場でメモリ生産を２０２０年に開始するという記事も【新工場】という見出しとともに登場しています。

現在から未来への仮説「ジャポニズム時代」の再来

先ほどの項で、【国内回帰】【ものづくり再興】などのキーワードから、これは日本回帰、すなわちジャポニズム時代の到来であるということを、簡単に触れました。

ここから未来のトレンドがこうなるのではないかという仮説を立てていくのです。言い換えれば、妄想ストーリーと言っていいのですが、自分自身で描いた仮説をもとに、昨今起こっている現象やその裏付けとなる四季報の情報から、最終的には未来に上がるであろう銘柄を選ぶというのが、**「未来への仮説」**です。

私は【国内回帰】【ものづくり再興】という見出しから、「これはもしかしたらジャポニズム時代の到来」ではないかという仮説をもとに――私は「インバウンド」という言葉が出る前の2015年春号（3月発売）で、「ジャポニズム」という大きなテーマを挙げていました――事象と四季報の両面から調べ尽くしてみました。

リーバイスが「メイド・イン・ジャパン」で需要喚起

昨今、外国人に日本の「おもてなし」や「メイド・イン・ジャパン」のグッズ、お菓子などが大人気ですが、これは現代版「ジャポニズム」の到来と言えるかもしれません。ここで妄想ストーリーを展開し、日本企業の未来について見ていくことにします。未来については誰にもわかりませんが、妄想をふくらませることなら誰にでもできます。

私は約20年にわたり、四季報読破後にキラッと光る四季報コメントから未来を占う妄想ストーリーの資料を作成し、実際に機関投資家などの顧客に配ってきました。

３年半前の２０１５年春号で、当時、妄想ストーリーを描くきっかけとなった「気づき」のひと言が「メイド・イン・ジャパン」でした。これに対する外国人の人気が、ひょっとすると現代版「ジャポニズム」の到来なのではないかという妄想ストーリーを勝手に思い描いたのです。

２０１５年春号で、**リーバイ・ストラウスジャパン（９８３６）**のコメント欄を見るとこう書かれていました。

【拡大】アウトレット店は訪日外国人需要も強く拡大意向。直営・FCも「メード・イン・ジャパン」打ち出し需要喚起。

同社は、ジーンズが主力の米国アパレルの日本法人です。ただ、リーバイスと言えば「ザ・アメリカ」とも言えるアメリカ企業の代表例で、同社も日本に上場しているとはいえ、アメリカ資本が大株主の外資系の会社です。その直営店もＦＣも「メイド・イン・ジャパン」を打ち出し、需要喚起をするというのです。

私は、これらを読んで「なぜ外資系の会社がメイド・イン・ジャパンにこだわっているのか」と気になり、身の回りで同じように「外資系の会社が日本にこだわっている事例はないか」と探してみたのです。

そして、もう1つ同じような企業がありました。それはダーバンと経営統合し、2013年に中国の企業「山東如意」に買収されて子会社になったレナウン（3606）でした。同社の四季報（同号）のコメント欄を読むと、こう記されていました。

【模索】「ダーバン」は秋冬商戦でメード・イン・ジャパンを打ち出した新製品発売。今後輸出も視野。訪日外国人対応も強化。

四季報で未来を知る

9836 リーバイ・ストラウス ジャパン

【決算】11月 【設立】1982.11 【上場】1989.6

【特色】ジーンズ主力の米国アパレルの日本法人。カジュアル専門店が主販路。百貨店、駅ビル強化中

【単独事業】ボトムス・男性用65、同・女性用12、トップス・男性用16、同・女性用4、他3 〈14・11〉

【連続赤字】出店は前期並みの3程度。アウトレット店も3予定(前期1)。主力の高単価ジーンズはテレビCM等で需要喚起も競争激しい。円安による仕入れ原価高が打撃。人員削減効果で対抗も営業赤字続く。

【拡　大】アウトレット店は訪日外国人需要も強く拡大意向。直営・FCも「メード・イン・ジャパン」打ち出し需要喚起。高単価の新作ジーンズ「501CT」を2月発売。

3606 (株)レナウン

【決算】2月 【設立】2004.3 【上場】2004.3

【特色】レナウンとダーバンが経営統合。アパレル名門。不振続き、13年中国・山東如意の子会社に

【連結事業】衣服等繊維製品関連100 〈14・2〉

【戻り歩調】16年2月期はGMS向けブランド堅調。不振続く主力の百貨店向けブランドは消費増税一巡し底打ちだが、回復緩慢。高価格帯商品好調でも力不足。ただ前期までのシステム統合効果発現し、営業増益。

【模　索】「ダーバン」は秋冬商戦でメード・イン・ジャパンを打ち出した新製品発売。今後輸出も視野。訪日外国人対応も強化。手薄だったネット販売は人員増やし攻勢。

会社四季報2015年春号

レナウンは現在、中国資本の企業になっています。この外資系企業が、メイド・イン・ジャパンを打ち出した新製品を発売するというのです。

ヒューレットパッカードの「メイド・イン・ジャパン」へのこだわり

リーバイ・ストラウスジャパンが「メイド・イン・ジャパン」にこだわるのと同じような事象がいくつもありました。

たとえば、**日本ヒューレットパッカード（ＨＰ）が工場を中国から東京に工場を移した**ということです。ＨＰはアメリカのパソコンメーカーですが、中国の工場を閉鎖して日本に持ってきたのです。

２０１５年当時の状況からすると、中国に生産拠点を設けるほうが正しいとされていた時代です。しかし、ＨＰはすでに日本に工場を移していました。理由は、顧客の仕様に合わせる「究極のカスタムメイド」への対応で、これは実に１７００万通りもあり、日本語を使うカスタムメイドは日本工場のみ対応可能で、トータルコストは日本で作ったほうが安いからです。

トータルコストとは「納期」やこの「カスタムメイドの対応」で、日本で生産すれば納期が5営業日で足りるのに対し、中国工場で生産するとなると2週間はかかります。日本人は、あまりメイド・イン・ジャパンにこだわっていません。しかし、私は外国企業が意外と日本製にこだわっているのに気づいたのです。

こういう視点で見ると、HPの日本製品への強いこだわりが理解できます。それを物語っているのが同社の製品にメイド・イン・ジャパンではなく、「メイド・イン・トウキョウ」と刻印されていることです。

ラオックス（8202）の中国人代表である羅怡文《らいぶん》社長は、2015年3月8日の「日本経済新聞」でこう語っています。

「日本人が選ぶ店を目指す。『日本製ならラオックス』と日本人が買いに来る店舗にするのが理想である。『ジャパンプレミアム』として、訪日客が価値を見出す日本製品に徹底的にこだわる」

ラオックスは、もともと日本の家電量販店でしたが、今では中国最大手の家電量販店「蘇寧《スニン》電気」の傘下にあります。この企業の中国人社長が、「訪日客が価値を見いだすような日本製品に徹底的にこだわる」と言い切っているのです。

その当時、アップルは、横浜の工場跡地を取得しています〈朝日新聞デジタル〈2015年3月13日付〉〉。またレノボは、山形NEC系の工場でパソコンの日本生産を始めています〈日本経済新聞〈2014年10月8日付〉〉。

2011年、医学出版の雑誌『Resident』によると、ビル・ゲイツ氏が軽井沢に別荘を買っています。当時、東日本大震災の津波による福島原発の事故で風評被害が高まっているころでした。世界中から日本は放射能に汚染されていると言われていた時期、そのタイミングでビル・ゲイツ氏は軽井沢の土地を買っていたのです。

以上のようなことから、2015年の四季報のコメント欄から気づいた私の妄想ストーリーである「ジャポニズム時代の到来」を確信に近づけるべく、さらに深く調べていくことになったのです。

フランスを中心に欧州で起こった「ジャポニズム」の歴史を振り返る

2015年の気づきから生まれた仮説は、以前に巻き起こった「ジャポニズム時代」をなぞるかのように続いていきました。

２０１７年10月、上野でジャポニズム展が２つも開かれました。

東京美術館の「ゴッホ展　巡りゆく日本の夢」と、国立西洋美術館の「北斎とジャポニズム―ＨＯＫＵＳＡＩが西洋に与えた衝撃」です。

２０１８年７月からは日仏友好１６０周年を記念して、フランス・パリで大型日本文化紹介企画「ジャポニスム2018（Japonismes 2018）」が開会されました。

もともとこのイベントの発端も、２０１５年に発足した故・津川雅彦氏を座長とした『日本の美』総合プロジェクト懇談会（その後、ジャポニスム２０１８総合推進会議総括主査）で、誇るべき日本文化を一堂に集めて世界に発信する「日本博」を開催するとの提案が示されてのことです。２０１６年に安倍総理とオランド大統領（当時）との間でその実施について合意を得て、２０１８年の実施に至っています。

つまり、私が「ジャポニズム時代の到来」というストーリーを描いたときには、すでにその機運が起こっていたということです。

そもそもジャポニズムとは、１８６０年代からヨーロッパを中心に大いに盛り上がった日本趣味のことです。

これはフランスを中心に徐々に盛り上がり、1910年代に退潮するころまで50年ほど続いています。50年と言えば半世紀で、こうした潮流を「**メガトレンド**」と言います。そして、実はこの間が日経平均株価がもっとも上がった期間でもあるのです。

19世紀後半、ヨーロッパやアメリカでは日本の美術の影響を受けて絵画や版画、彫刻、工芸、建築、写真など、芸術のあらゆる分野にわたってフランスを中心に「ジャポニズム」と呼ばれる潮流が起こっていました。

当時、ヨーロッパではルネサンス以来の伝統的な美術表現が近代的な感覚に合わなくなってきていました。多くの芸術家は、これを打破して新しい美術を生み出そうとしていたのです。

ジャポニズムは、江戸時代の鎖国政策に終止符を打った日本の、自由で斬新《ざんしん》な美術や工芸のクオリティの高さに衝撃を受け、そこから多くを学んで生まれた潮流なのです。東洋の島国である日本への関心、その影響を受けた造形原理、新しい素材や技法、美学や美意識、生活様式や世界観までも真似ることがジャポニズムです。

ジャポニズムの影響を受けたアーティストとしては、絵画では『タンギー爺《じい》さん』のゴッホ、『エッフェル塔三十六景』のアンリ・リヴィエール、『ラ・ジャポネーズ』のクロード・モネ、『磁器の国の姫君』のホイッスラーなどがいます。

ゴッホの『タンギー爺さん』は、背景にすべて日本の浮世絵が描かれています。アンリ・リヴィエールの『エッフェル塔三十六景』は、建設途中のエッフェル塔を富士山に見立てて葛飾北斎の『富嶽三十六景』に似せて描かれています。

モネの『ラ・ジャポネーズ』は、菱川師宣《もろのぶ》の『見返り美人』風に着物を羽織った外国人女性が手に扇子を持ってポーズを取っています。その背景には、数多くの団扇《うちわ》が描かれています。ホイッスラーの『磁器の国の姫君』は、これも着物を身にまとった外国人女性が屏風《びょうぶ》を背にしてポーズを取っています。

これらが、一世を風靡《ふうび》したジャポニズムの当時の実態です。

東インド会社が「ジャポニズム」を世界に広めた

日本の美術品の歴史は、ヨーロッパでジャポニズムが流行する以前の日本の磁器をめぐる様子でわかります。これは当時、東インド会社によってヨーロッパに輸出されていました。

それ以前、磁器は中国の明《みん》朝がヨーロッパに輸出していました。明朝が滅んだあと、日本の磁器はヨーロッパ人のニーズに合わせることで主流になっていきます。

当時輸出されていた有田焼の真ん中には、「VOC」というマークが入っています。これは、東インド会社のマークです。こうした形で、日本人は器用に製品を作り替えることによってヨーロッパでも受け入れられるようになったのです。

この磁器の輸出では、多色刷りの錦絵である浮世絵が包装紙として使われていました。これにも、ヨーロッパ人は大いに驚かされたようです。その後、ヨーロッパではドイツのマイセン、フランスのセーヴィルでの磁器の技術開発が進み、日本の陶磁器の輸出は減少していきます。

この時期、日本の漆器はザビエルなどキリスト教の宣教師たちに注目され、南蛮貿易が始まっています。**東インド会社によるヨーロッパへの輸出で、漆器そのものが「ジャパン」と呼ばれていた**ことがわかります。

こうした話に当時のオランダ人は非常に興味を持ち、とにかく1つでも多く持って帰りたいと思ったようです。

芸術作品としての浮世絵の輸出は、磁気や漆器に比べて後発でした。この運搬人としては、長崎のオランダ商館にいた医師シーボルトが有名です。彼は、日本が好きになってさまざまな分野の資料を収集したため、スパイ容疑（シーボルト事件）で日本から強制退去させられました。

アメリカの「ジャポニズム」はティファニーが火を点けた

アメリカのジャポニズムは、日本が１８５４年（安政１年）に日米和親条約を結んで開国したときから始まっています。黒船来航で有名なペリーの遠征記録には、浮世絵師の歌川広重の『京都名所之内淀川』が掲載されています。

黒船来航とは、１８５３年（嘉永６年）にマシュー・ペリーが率いるアメリカ海軍東インド艦隊の蒸気船２隻を含む艦船４隻が日本に来航した事件です。同艦隊は当初、久里浜《くりはま》に来航しました。しかし、久里浜の港は当時、砂浜で黒船が接岸できませんでした。そこで江戸幕府は、艦隊を江戸湾の浦賀（現在神奈川県横須賀市浦賀）に誘導しています。

そのとき、アメリカ大統領の国書が幕府に渡され、翌年の日米和親条約の締結に至っています。日本では、この事件から明治維新までを「幕末」と呼んでいます。

この幕末から維新、文明開化や富国強兵と時代は急速に変化していきますが、日米和親条約から15年もしないうちに、ジャポニズムが到来するのは、歴史上、驚くべきことと言えます。

1867年にパリで開催された万国博覧会には、葛飾北斎だけではなく歌川広重、喜多川歌麿らの浮世絵、琳派《りんぱ》の絵画、漆芸や陶芸などの工芸品が出展され、フランスを中心に西洋社会で「ジャポニズム」と呼ばれる一大ブームが生まれます。

葛飾北斎が西洋社会に与えたインパクトは、絵画のジャンルに止まりませんでした。ガラス工芸家として名高いエミール・ガレは『北斎漫画』から着想を得て、多くの作品を残しています。

さらに、思わぬところまで葛飾北斎の影響は広がっていきました。なんと、今では高級宝飾ブランドとして誰もが知っている**ティファニー社の商品開発にまで影響をおよぼしている**のです。

同社は1837年、アメリカで創業されました。その後、同社にデザイン部門を創設したエドワード・C・ムーアが、1867年のパリ万博で浮世絵などの日本美術に衝撃を受け、大量の日本の美術品を購入します。

ムーアは日本に買い付け部隊を送り込み、数千点にもおよぶ日本の美術品をアメリカに持ち帰らせたのです。その中に、葛飾北斎の『北斎漫画』が含まれていました。彼は『北斎漫画』から着想を得たさまざまな銀製品を製作し、これが「ジャパネスク銀器」として１９７８年のパリ万博で銀器部門のグランプリを受賞したのです。

同社の創業者チャールズ・ルイス・ティファニーの息子で、同社の初代デザインディレクターとなったルイス・コンフォート・ティファニーも日本美術を深く愛し、熱心にコレクションしています。

東京都大田区大森にある大森貝塚の発見者は、アメリカの動物学者で明治時代に来日して東大教授も務めたエドワード・モースです。彼も、磁器の収集家でした。

その後輩に当たるアメリカの東洋美術史家で哲学者のアーネスト・フェノロサも明治時代に来日し、東大教授を務めています。来日後は日本美術に深い関心を寄せ、助手の岡倉天心とともに古寺の美術品を訪ね歩いています。そして、**岡倉天心とともに東京美術学校（現東京芸術大学）の設立に尽力**しました。

当時、明治政府は「神仏分離令」や「大教宣布」を発令しました。その目的は神道と仏教の分離で、仏教排斥を意図したものではありませんでした。しかし、結果として「廃仏毀釈《きしゃく》運動」と呼ばれた破壊活動を引き起こしてしまいます。

廃仏毀釈とは、仏教寺院、仏像、経典を破毀し、僧尼など出家者や寺院が受けていた特権を廃することを指しています。「廃仏」は仏を廃し、「毀釈」は釈迦の教えを壊（毀）すという意味です。

フェノロサは「廃仏毀釈運動」が広がりを見せると、岡倉天心とともに壊されていた伝統的な仏教美術品を守るためにその収集に努めています。当時、日本人の誰もがこうした美術品に価値を認めず、廃棄を止めることもしませんでした。

イギリスのジャポニズムはロンドン万博が契機となった

イギリスのジャポニズムは、1862年のロンドン万博に日本が初めて日本セッションを出展したことが大きな契機となりました。

イギリスの外交官で駐日公使も務めたアーネスト・サトウは、多くの浮世絵の名作（現在大英博物館所蔵）をイギリスに持ち帰っています。また、**イギリスにおける日本学の基礎を築いた**人物としても知られています。

1885年にロンドンのサヴォイ劇場で初上演された二幕物のコミック・オペラ（英国式オペレッタ）の『ミカド』は、672回も上演されて大成功を収めています。歌劇史上

コンドルの建築物の1つ旧島津邸（現・清泉女子大学）
（右・著者、中央・複眼経済塾塾頭、エミン・ユルマズ氏、左・同社取締役、瀧澤信氏）

2番目の上演回数を誇り、舞台作品の中でもロングラン作品の1つとなっています。

現在でもサヴォイ劇場でしばしば上演されているだけでなく、アマチュア劇団や学校演劇でも演じられています。さまざまな言語に翻訳され、歌劇史上もっとも多く上演される作品の1つになっています。

イギリスの建築家ジョサイア・コンドルは、1877年に来日し、文明開化の潮流の下で明治新政府関連の洋風の建物を数多く手がけました。工部大学校（現・東大工学部建築学科）の教授として辰野金吾ら創成期の日本人建築家を育成し、鹿《ろく》鳴館《めいかん》を設計するなど明治以降の日本建築界の基礎を築いています。

のちに建築設計事務所を開設し、三菱の岩崎邸や三井邸など日本の財界関係者の邸宅を数多く設計しました。日本女性を妻とし、浮世絵師の河鍋《かわなべ》暁斎《きょうさい》に師事して浮世絵を学んでいます。日本舞踊や華道、落語といった日本文化も大いに親しんでいました。

ジャポニズムで注目すべき点は、たとえば、廃仏毀釈の流れの中で日本人が仏教美術の価値を認めず、その廃棄を誰も止めなかったというところです。

つまり、今の日本と一緒で、**日本という国に住んでいる日本人は世界的なメイド・イン・ジャパンの潮流に気づいていない**ということです。私の妄想ストーリーでは、2015年から現代版ジャポニズムがすでに始まっているのです。美術館の展示の傾向を見ていると、かなり「現代版ジャポニズム」感が出てきています。

当時の浮世絵は、現代のマンガやアニメなどのコンテンツに通じるものがあります。「ジャポニスム2018」でも、日本のアニメが紹介されています。ただ、世界各地の言語に変換しなければ浸透していかないでしょう。

「未来への仮説」を関連銘柄から類推する

四季報を読むには、まず自分が関連している業界から読んでいくのも1つの方法です。これを繰り返しているうちに、情報のアンテナが張られ、自分が日ごろ見聞きしていることも多く登場してきますので理解が深まっていきます。

関連銘柄とは、ある1つの銘柄から類推していきます。たとえば、私が仮説を立てたジャポニズムに関しては、それに関連する銘柄を探していきます。その際、「風が吹けば桶屋が儲かる」ということわざのように、歴史から類推していくのも1つの方法です。

「国内回帰→ジャポニズムの到来（?）→（ジャポニズムの歴史から）浮世絵ブーム→（現代の浮世絵）アニメ→（アニメの実現）2・5次元シアター」といった感じで関連付けていくことです。

そこから関連する企業の四季報コメント欄を見ていきます。

まず、私が仮説を立てた当時の、2015年3集の秋号と2016年1集の新春号のコメント欄を読むと、今後、現代版ジャポニズムを担っていくと思われる関連企業の動向が紹介されていました。こうした企業を次に列記します。

○イマジカ・ロボット ホールディングス（6879）
【コンテンツ輸出】日本製アニメ、テレビ番組等と海外バイヤー仲介するプラットフォーム立ち上げ。アジア地場放送局へ攻勢。

○創通（3711）
【新作始動】機動戦士ガンダムは10月から新作をテレビ放映。海外にも配信予定。

○IGポート（3791）
『進撃の巨人』等版権収入は着実。『甲殻機動隊』VR映像を全世界で有料配信。

○東映アニメーション（4816）
映画『ドラゴンボール』想定超える大ヒット。『ワンピース』版権収入下げ止まり。

○バンダイナムコホールディングス（7832）
中国でPCオンラインゲーム『NARUTO』が会員2000万人突破。

○タカラトミー（7867）
外国人社長が海外戦略で陣頭指揮。

○テレビ東京ホールディングス（9413）
海外で『NARUTO』番販、ゲーム、グッズ高評価。『妖怪ウォッチ』も欧米展開へ。

○スクウェア・エニックス・ホールディングス（9684）

【怒涛】16年に『FF15』投入、17年前後に『ドラクエ11』をPS4と3DS向け展開。

こうした情報を関連付けて総合的に判断することで、世界的に現代版ジャポニズムが世界的な潮流になってくるのではないかと類推するのです。私の妄想ストーリーでは、これらの企業がかつての東インド会社のような役割を果たしていくかもしれません。もちろん、投資する銘柄を絞り込むことができるようになります。

イマジカ・ロボット ホールディングスは映画のエンドロールに名前が出てくる企業ですが、世界最大手の翻訳会社を買収しています。私は、これで同社が手持ちのコンテンツを日本からどの国へでも輸出することができるようになるという妄想ストーリーを思い描きました。四季報1つで、こうした未来も見えてくるのです。

ジャニーズ嵐のファンならわかると思いますが、2015年10月に出した14枚目のオリジナル・アルバムのタイトルが「Japonism」でした。翌2016年には、歌手の浜崎あゆみが「M(A)DE IN JAPAN」というタイトルのアルバムを出しています。ただ私の資料のほうが先であったということは力説しておきたいと思います。

妄想ストーリーから銘柄の選び方ですが、当時の浮世絵に当たるものはマンガやアニメではないかと思っています。これら現代版浮世絵で、まさにジャポニズムの再現というわけです。ただ日本人が、それに気づいていないのです。

２０１６年に公開された新海誠監督の長編アニメ映画『君の名は。』は、大ヒットしました。東京に暮らす少年、瀧《たき》と飛騨の山奥で暮らす少女、三葉《みつは》の身に起きた「入れ替わり」という謎の現象と、１２００年ぶりに地球に接近するという架空の彗星「ティアマト彗星」をめぐる出来事を描いた作品です。

この映画は、**２０１７年１月から英語歌詞、英語字幕版が上映開始**されました。このように世界的に今、日本のアニメが注目されています。

ナイアンティックとポケモンが共同開発したスマホ向け位置情報アプリ「ポケモンＧＯ」が売れたのも、やはり任天堂（７９７４）が発売した「ポケットモンスター」というゲームソフトのコンテンツがもともとあったからでしょう。

これこそ、まさに現代版ジャポニズムです。

日本の株式市場は、１８７８年（明治11年）に開設されています。私は、この年からの東京証券取引所のチャートを作りました。それでわかったことは、平均株価が最も値上がりしているのが「ジャポニズム」時代の50年だったということです。この時期の指標的な代表銘柄の「東京取引所（通称・東株）」は安値から高値まで、ざっくり言って５００倍になっています。

私は、これと似たような機運が「今の日本の株式市場でもスタートしているのではないか」と妄想ストーリーを描いています。

では、こうした関連銘柄は２０１８年にはどうなっているのか。２０１８年１集から４集の四季報から、私が注目したコメントをひも解いてみます。

◯イマジカ・ロボット ホールディングス（６８７９）

買収した米ＳＤＩ社が好調で、英企画制作・配信会社を米ＳＤＩ社が買収。南米やインドへも進出を画策。吹き替えの受注拡大のためにダビングスタジオも増設。韓国拠点も増設。また、４Ｋ、８Ｋなどのテレビ映像作品を映画館に伝送して上映する実験に参画。

◯創通（３７１１）

来期40周年を迎えるアニメ『ガンダム』のイベントを国内外で企画し、バンダイナムコホールディングスと海外戦略を模索。海外事業比率を現在の10％から20％へ引き上げ目指す。

◯ＩＧポート（３７９１）

米ネットフリックス社と提携し、１９０カ国配信へ。３～５年後の共同制作での配信目指す。

○東映アニメーション（4816）

法人化し、アニメ『ワンピース』上海に中国初の専用劇場開設へ。サウジアラビアの会社と共同制作アニメを放送開始。海外向け独自アニメ映画企画、複数進行。

○バンダイナムコホールディングス（7832）

17年2月に上海子会社を設立。『ドラゴンボール』のスマホアプリを世界各国で順次配信。

○タカラトミー（7867）

社長交代も海外強化継続の方針変わらず。グローバルで売れる大型商品の開発と欧米地域再建が鍵。

○テレビ東京ホールディングス（9413）

アニメ『ナルト』は中国で動画配信やゲームに伸び。

○スクウェア・エニックス・ホールディングス（9684）

スマホゲーム「ドラクエR」が1200万ダウンロード突破。中国テンセント社との戦略的提携。

もちろん、ここに挙げたすべての会社がいいということでありません。実際に投資をするかどうかは、第3章の5つのブロックのウラ読み術を行い、検証したうえで投資判断をしていきます。

私がこの項でお伝えしたいのは、こうした妄想ストーリーから、さまざまな関連会社が連想でき、投資の大局的な見方にもつながっていくということなのです。

四季報での「気づき」のテーマを未来予測に転換する

仮説を立てて、自身で妄想ストーリーを描いて歴史的なトレンドをつかみ、関連企業を検証してみるというのは、四季報を読み続けていると自然に身についていきます。

そこで、あなたに仮説の立て方のヒントになるような「気づき」の感覚を伝授します。視点は人それぞれ違ってきますが、ここでは私が気づいた「気づきのテーマ」を解説していきます（気づきのテーマの号に沿った解説になっています）。

気づきのテーマ1　組み合わせがすごい

四季報の2015年夏号の「気づきのテーマ」は、「組み合わせがすごい」です。鮮魚小売り、持ち帰りずしを店舗展開する**魚喜（2683）**は、JA全農との業務提携でAコープ店への出店を加速させています。同社のコメント欄には、こう書かれていました。

【業務提携】JA全農との業務提携でAコープ店への出店加速。相互物流網活用し、経費削減推進。

このコメントは「魚」と「野菜」の組み合わせです。

Aコープとは、JAグループの購買部門の1つです。ほとんどスーパーマーケットと同じ事業形態で、日本全国に約530店舗（2015年4月現在）の店舗網があります。その点、魚喜は52店舗しかありません。そこで530店舗を有するAコープに鮮魚店を出すと、店舗数が一気に10倍になります。Aコープにとっても、そうなると鮮魚で集客できるようになります。ですから、数多く出店したい魚喜と、鮮魚で集客したいAコープの組み合わせは最適なのです。

当時、勢いのあった料理レシピ専門サイトで最大手のクックパッド（2193）も「組み合わせがすごい」でした。

○レシピ数の多さ（2015年6月現在207万レシピ）。
○基本的に冷蔵庫の中にある食材を「組み合わせる」だけ（新しい食材を探すのではない）。
○スティーブ・ジョブズ氏の「イノベーションとは既存の技術の組み合わせである」と同じ発想。
○思いもよらない意外な組み合わせが画期的なメニューを生む。

クックパッドではなく当時、テレビなどで話題となったプリンと醤油《しょうゆ》を混ぜ合わせるとウニとか、キュウリとハチミツを混ぜるとメロンとか、潰したイクラに醤油を混ぜ合わせ、そこに生のカリフラワーを漬け込むとカズノコみたいとか、こうした組み合わせからも面白いメニューが生まれるように、「組み合わせがすごい」のです。

クックパッドは、食材の組み合わせを紹介しただけで売上げが6年間で18億円から180億円へと10倍にも伸びたのです。「組み合わせ」をレシピやコラボと言いますが、これが新しい市場を生み出しています。そして、日本人は誰でも新たな商品を生み出し、これを受け入れているのです。

日本人は「組み合わせ」が得意で、これまでそれでさまざまな商品にしてきました。懐石料理もその1つで、さまざまな小皿を組み合わせることで料理そのものを芸術の域にまで高めています。

かつて日本に、城の石垣を組み上げることを専門とする「穴太衆《あのうしゅう》」と呼ばれる技術集団がいました。戦国時代、各大名がこぞって召し上げたという伝説の集団です。石垣の「組み合わせ」について、その末裔《まつえい》は、石組みで「石の声を聞く」ことの大切さを語っていました。石は、穴太衆が耳を澄ますと「ここに置いてくれ」などと語りかけてくるそうです。それぞれの石の声を聞いていると、最終的に長年風雪に耐えることができる強固な石垣を組み上げることができると言います。これこそ、まさに「組み合わせ」の典型というものです。

気づきのテーマ2 強い「アナログ」と強い「デジタル」を探す

２０１６年1集の新春号の「気づきのテーマ」は、「強い『アナログ』と強い『デジタル』を探す」です。総合リユース業の**ハードオフコーポレーション（２６７４）**は、PCや音響、家電、衣料、家具、カー用品、酒類の8業種を直営店、FC店で展開しています。同社のコメント欄には、こう書かれていました。

【アナログ】FC含め10店舗で展開するシニア層対象の高給オーディオコーナーが意外にも若者から人気、導入店拡大へ。

『日本経済新聞』でも当時、こうした現象を特集で「若者にレコードが売れている」といったレポートをしていました。

その一方で、**カシオ計算機（６９５２）**が自社の持つ時計と電子機器の技術を融合させた新製品「スマートウォッチ」を売り出す目途が立ったという情報を知りました。同社のコメント欄には、こう記載されています。

【スマートウォッチ】初のリスト型端末を今期中メドに発売。自社の持つ時計と電子機器の技術を融合。

私は、これを読んでテーマはまさに「アナログとデジタルの融合」だと気づきました。両社の共通点は当時、以下の3つがありました。

1．株価が右肩上がり
2．今期、最高益を更新
3．営業利益率が10％以上の優良株

アナログとデジタルの特徴は、アナログが時計の針など目に見えるもので表すもので、デジタルが情報を0と1などの数字で表すものです。一般的な会話では、「アナログは手動」「デジタルは自動」などと使われています。アナログからデジタルに進化したものとして、パソコンや半導体、デジタル家電、フィンテックなどがあります。

フィンテックとは、金融を意味するファイナンスと、技術を意味するテクノロジーを組み合わせた造語です。ICTを駆使した革新的、破壊的な金融商品・サービスの潮流といった意味で使われています。

ICTとは、情報・通信に関する技術の総称です。従来から使われているITに代わる言葉として使用されています。海外では、ITよりICTのほうが一般的です。

一方で、デジタルがアナログ化したものもあります。それは、O2Oと呼ばれるものです。これは「ONLINE to OFFLINE」の略で、たとえば、実店舗を持っている飲食店や販売店などがオンラインで顧客に割引クーポンを提供したり、位置情報サービスによって積極的に店舗の認知や来店を勧誘したりすることです。

医療技術はデジタル化を続けていますが、人が相手だからデジタル化できない部分も少なくありません。

POSシステムは、デジタルとアナログが融合されたものです。今後、IT農業や自動運転などデジタルとアナログの融合がどんどん進んでいくと思われます。

気づきのテーマ3 「両にらみ経済」からの妄想ストーリー

2016年夏号の「気づきのテーマ」は、「『両にらみ経済』からの妄想ストーリー」です。パンの製造、販売中堅老舗の**第一屋製パン**（２２１５）のコメント欄には、こう書かれていました。

【両にらみ】高付加価値型商品と、価格訴求型双方の品ぞろえ強化、景気減速に備え。

経営方針として、値段の高い高付加価値商品と安い価格訴求型商品の「両にらみ」ということです。

こうした視点で見ると、入園者世界有数の東京ディズニーランドを運営する**オリエンタルランド**（４６６１）は当時、値上げに踏み切っています。同社のコメント欄には、こう記載されています。

【値上げ】16年４月より大人１日７４００円（現状比５００円増）へ。

この時期、ユニクロが商品の値下げに踏み切っています。オリエンタルランドと、ユニクロを運営する**ファーストリテイリング**（９９８３）が同じ時期に、両極端の経営方針に踏み切っているのです。

【値下げ】週末セール抑制、低価格を毎日維持する路線に転換。価格帯もわかりやすく統一。

ユニクロは、デフレを意識していたのだと思われます。結果論として、「値上げ」に踏み切ったオリエンタルランドが〝勝った〟形（当時）になっています。当時、マクドナルドも価格をめぐって迷走していました。

気づきのテーマ４　アウトバウンド

２０１５年秋号の「気づきのテーマ」は、「アウトバウンド」です。当時、インバウンドという言葉が流行っていました。インバウンドは「入ってくる、内向きの」という意味の形容詞で、さまざまなシーンで使われています。

ビジネス一般では、企業側が顧客からの電話や来訪などを受け付ける形態の業務のことを指しています。同じ意味で、コールセンターの業務区分にも用いられています。旅行やホテル業界では、外国人旅行者を自国へ誘致することを意味しています。日本では、訪日する外国人観光客のことを指していることがほとんどです。

私はインバウンドが流行っていたとき、逆にアウトバウンドに注目していました。アウトバウンドは「外国行きの、出て行く」の意味です。それが転じて、勧誘・案内などの電話を外へかけることを指しています。

コンピュータネットワークや通信分野では、「中から外へ」という意味で使われています。インターネットで、自社のウェブサイトにユーザー（潜在的な顧客）を誘導することも意味しています。

航空機や船舶の業界では、外国に向かう便を指しています。海外旅行も、アウトバウンドです。

私は当時、企業が海外へ進出するには国内生産による補完体制が不可欠といった大きなストーリーを描いていました。

トイレタリーで国内首位、化粧品でも大手の**花王**（４４５２）は、アウトバウンドをうまく推し進めています。当時、足元の相場環境で大きな流れは円安と原油安の2つでした。花王は、円安によるインバウンドとアウトバウンド、さらに原油安による原料安という「トリプルメリット」を享受しています。同社のコメント欄には、こう書かれています。

【最高益】中国向けに幼児用紙おむつ、生理用品の輸出が大幅増。国内は訪日外国人消費の追い風吹き、化粧品、化学製品の不調をカバー。26期連続増配。
【磨き直し】品薄の紙おむつは国内3工場で生産増強中。

同社は訪日外国人の〝爆買い〟などインバウンドでも、紙おむつや生理用品などアウトバウンドでも売上げを伸ばしています。ただ、これを可能にするには国内生産という補完体制が不可欠でした。花王には、それが整っていたということです。

気づきのテーマ5　気づきの銘柄と「発想の転換」

2016年秋号の「気づきのテーマ」は、転換の時代の到来という流れで「気づきの銘柄と『発想の転換』」です。中高年男性向け通販が主力の**夢みつけ隊**（2673）のコメント欄には、こう書かれています。

【発想の転換】趣味人多い男性向け通販は所持品の買い取り・再販事業を検討。

これは、通販という本来モノを売る側が買い取りを始めるという逆転の発想です。格安航空券の先駆者で、ハウステンボスも運営するエイチ・アイ・エス（９６０３）のコメント欄には、ロボット接客のホテルのことが書かれています。

【攻勢】ロボット接客の「変なホテル」は17年3月に2号店を浦安市に開業。３年で１００店体制目指す。

同社の「変なホテル」は、まさに発想の転換です。未来接客は、「人」という発想を転換し「ロボット」に変えたのです。

関西圏が地盤で、ロードサイド型の回転ずし店「くら寿司」を直営で展開する**くらコーポレーション（２６９５）**のコメント欄には、こう述べられていました。

【最高益】既存店は「冷やし中華始めました」等新商品効果で好調維持。

【ヒット】甘酒ベースの炭酸飲料「シャリコーラ」は需要に生産追いつかず一時販売休止、８月末に再販売。

1つ目が回転ずしという すし屋で冷やし中華を出すという発想の転換で、2つ目が甘酒をベースの炭酸飲料をコーラとネーミングした発想の転換です。

最近、街中で「近所の自転車屋さん」が本当に少なくなりました。個人の自転車販売店は、15年前に比べると半減しています。

個人の自転車販売店の大半が衰退していく中、1人勝ちを続けているのがあさひ（3333）です。大阪の零細自転車店からスタートし、230店舗を全国的に展開する企業に育っています。

近年のサイクリングブームで、スポーツタイプの街乗り用自転車がよく売れるようになったと言います。海外ブランドを購入するにはエントリータイプでも5万円くらいしますが、同社のPBブランドでは2～3万円台と格安の価格で提供しています。

顧客の声に基づいて開発した、ギアが外れにくい子ども用マウンテンバイクは大ヒットしています。最近では、サッカーボールがスッポリと収まるカゴをとりつけた子ども用マウンテンバイクが好評だと言います。

同社の「発想の転換」は、基本的に〝ママチャリ〟ではなく〝パパチャリ〟を開発して販売するというものでした。今ではＰＢの売上げが全体の半分を超え、製販一体の状況ができてきたと言います。

気づきのテーマ6　質にこだわる「量より質」

２０１７年新春号の「気づきのテーマ」は、「質にこだわる『量より質』」です。「柿の種」で有名な**亀田製菓（２２２０）**のコメント欄には、こう書かれています。

【量より質】「柿の種」は数量増より価格維持優先、低価格競争に一線画し販促費抑制。

今の日本は成熟社会なので、もはや量ではなく質を求める時代になってきているということです。

東京・多摩地区が地盤の**食品スーパー「いなげや」（いなげや、８１８２）**のコメント欄にも、似たような内容が載っていました。

【量から質】店舗改装は年60店ペースから30店程度、一律変更から地域別対応に軌道修正。

ここでの質とは、一律のワンパターンではなく地域にあったものに変えていくということです。

美容室経由でスキンケア、ヘアケア製品を販売するアジュバンコスメジャパン（4929）のコメント欄には、こう記載されていました。

【数より質】契約サロンは数の拡大追わず、リピート率高い既存先に絞って深掘り。

こうしたことを推し進めていくと、本質的に日本製がいいとか、ジャポニズムみたいな大きな流れにつながっていきます。

いなげや、亀田製菓は地域の顧客にこだわり、原料でも国産や自然由来を目指すなど国内志向を強く打ち出しています。裏を返すと、「量より質」に転換していかないと生き残れないということでしょう。

気づきのテーマ7　個別最適化

2017年春号の「気づきのテーマ」は「個別最適化」です。化粧品国内大手の**資生堂（4911）**のコメント欄には、こう書かれていました。

【個別最適化】世界的なパーソナライズ化の潮流を重要視。

よく考えてみると、これはすごいことです。

ロゼッタ（6182）は、人工知能とウェブ検索活用の自動翻訳サービス、システムを提供する企業です。同社のコメント欄には、こう述べられていました。

【深耕】顧客企業に個別最適化した自動翻訳機システムの提供開始、IT・医薬企業などへ訴求。

同社もまた、「個別最適化」を志向しています。

秀英予備校（4678） は静岡が地盤で、中学生向けの集団指導塾が主力です。同社のコメント欄には、こう書かれていました。

【増益続く】個別指導は堅調だが、柱の小中学生向け集団指導が生徒募集に想定超の苦戦。

同社は、集団指導より個別指導のほうがうまくいっているようで、つまりは個別指導という「個別最適化」が志向されているということです。

このテーマがどういう流れで頭に浮かんできたかというと、「三種の神器」の1つ「新聞の切り抜き」にセンサースーツに関する記事が載っていたからです。

それは「日本経済新聞」（2017年11月23日付）で、衣料品通販サイト「ゾゾタウン」を手がける**ZOZO（3092）**がPB（プライベートブランド）の戦略を発表したという記事でした。PBのブランド名は、「ZOZO（ゾゾ）」です。

この記事の内容は、同社がセンサーを内蔵したゾゾスーツの無料配布の予約を160カ国（日本を含む）で始めたといった内容でした。

仕組みは、こうなっています。まず利用者はスマホでサイズのデータをゾゾに送り、同社がそのデータに基づいてピッタリの服を生産するのです。これまで、顧客が商品に体を合わせていました。しかし、これからは逆転の発想で顧客の体形に合わせた商品ができてくるのです。同じ発想で、少し早く商品化したのがライザップモデル（ＲＩＺＡＰグループ、２９２８）でした。

こうした趨勢《すうせい》に気づいているのは、２０１７年１集の新春号です。実際、この動きが１年後にはすでに企業活動として始まっているのです。

こうなると、長期的というよりも１年ほどの中期的なタームで新しい潮流が生まれてくるということです。こうしたことに気づくのは感覚で、投資家はその感覚を磨いていくことが大事です。

かつて電話は家族で１台というのが当たり前の時期もありましたが、今では誰もがスマホを持っています。これも、個別最適化の先駆けです。

テレビにしても家族で見る時代は過ぎ去り、今では各個人がネットフリックスを見るということがふつうになりつつあります。

東京オリンピックが開かれる２０２０年頃、個別最適化のための自動翻訳は相当に広まっていると思われます。

そういった意味でも、私は、ジャポニズムの潮流が半世紀は続く（メガトレンド）と思っています。

気づきのテーマ８　モノから体験・参加へ

電通や博報堂など広告大手を主な顧客とするイベント企画運営大手のティー・オー・ダブリュー（４７６７）のコメント欄に同じようなことが書かれていました。

【順調】Ｗｅｂ活用に加え、映像・ＶＲ・ＡＲ絡めた体験型プロモーションの隆盛をグループ一体で取り組む。

【受け皿増強】モノ訴求から体験型ＰＲへの移行に合わせ、体験デザイン本部新設。

２０１７年夏号の「気づきのテーマ」は、「モノから体験・参加へ」です。これに気づかせてくれたのは、テレビなどで披露されている「匠《たくみ》の技」でした。こうした目で四季報を改めて読んでみると、たしかに定量ポンプの大手の**タクミナ**（６３２２）のコメント欄にも同じようなことが書かれていました。

【やって見せる】顧客用途に合わせたポンプ試験設備が6月完成、新規開拓を強化。

タクミナは、環境装置メーカー向け水処理、塩素殺菌用を基盤に高精密塗工用も拡大しています。

体験型プロモーションの隆盛、モノから体験型PRへの移行という2つのキーワードは、時代が「モノから体験・参加へ」と変わろうとしていることに気づかせてくれます。

モバイルファクトリー（3912）は、スマホや従来型携帯向け交流ゲームや着メロの開発、配信会社です。同社のコメント欄には、こう書かれていました。

【駅メモ】日本郵便と提携し駅や郵便局巡る参加型イベント開催。

同社は、位置情報連動型ゲームに注力しています。時代のテーマが「モノから体験・参加へ」となると当然、VR（バーチャル・リアリティ）やAR（拡張現実）も絡んできます。

住宅販売業界では今、顧客がショールームでVRを使って家具を入れ換えるといった体験型の販売手法が導入され始めています。こうしたことがVRやARの技術の進歩とともに、こうした「やってみせる」ことができるようになってきたのです。

気づきのテーマ９　少人化・無人化

２０１７年秋号の「気づきのテーマ」は、「少人化・無人化」です。この言葉を同誌で見たとき世界的にロボットの時代が到来することを感じました。

日本は、超高齢化社会に突入しようとしています。こうした中で、ソニー（６７５８）のアイボが復活を遂げました。アイボは、高齢者の相手をするロボットとして期待されています。産業社会の「少人化・無人化」という流れの中で、**日本電設工業（１９５０）**のコメント欄にはこう書かれていました。

【少人化無人化】駅の利用客の少ない時間帯に自動改札機などを監視、遠隔操作するシステムに注力。

日本電設工業は、ＪＲ東日本を中心に鉄道電気工事では業界トップの企業です。

硬貨・紙幣処理機で国内シェア５割強の**グローリー（６４５７）**は、遊戯市場向けカード装置やたばこなども展開しています。同社のコメント欄には、こう記載されています。

【少人化需要】米国の金融機関窓口用やシンガポールの流通業で各種入出金機に需要。国内はコンビニの釣り銭機などで商機。

これもまた、「少人化・無人化」の気づきの銘柄です。**かわでん（6648）**はカスタム型配電制御設備の事業最大手で、再上場前は川崎電気という社名でした。同社のコメント欄には、こう書かれています。

【省施工】作業人員を大幅に減らせる省施工型分電盤を開発、工場等へ拡販。

時代の趨勢は、着実に少人化、無人化、省施行の方向へと向かっているようです。こうした動きはまだ本格的ではないのですが、3年後、5年後には当たり前になっている可能性があります。すでに少人化は、大きな流れになってきています。

以上、四季報から見る「気づきのテーマ」を解説してみました。こうした気づきは、四季報だけを見るだけでは生まれません。自分が日頃からどんなテーマを探しているのか、また「三種の神器」でお伝えしたように、起こる事象をどうテーマに結び付けていくか、さらには街に出て肌で感じるものでもいいでしょう。

そうした仮説を四季報に立ち返って、四季報の情報からさらなる気づきを得てもいいかもしれません。

四季報を読み続け、トレンドをつかむ練習は、やがてあなたの投資の大局観を養っていきます。

第5章

投資家として企業の人格を知る

株主になるなら企業の歴史、企業風土を直に感じてみる

企業に接する早道として株主総会に出席する

四季報で企業を分析し、実際にその企業の株を買ったあと、私がぜひとも推奨するのは株主総会に出席することです。

なぜなら、四季報や新聞で企業を知るのは採用活動で言うなら書類選考のようなものだからです。本当にその人を知るには直接会って話を聞くしかありません。だからこそ、役員が一堂に会す株主総会に行くべきなのです。

同時に、**実際にその企業に接することは、投資家としての責任であると考えているから**です。それにはまず、株主総会にも足を運んでほしいと思っています。これは株主の権利でもあり、株主総会出席が、企業を身近に接する一番の早道です。

この本の冒頭でも申し上げた通り、「企業は法人格という人格を持っている」と言いま

した。しかし、この「人格」については、実際に経営陣に接してみないと実感できません。たとえば、社長の考え、素顔などは、この株主総会で鮮明にわかってきます。四季報で企業を知ることと、実際に企業を知ることは違います。

私は、投資の王道として、最後にこのことをお伝えしたかったのです。

実際、投資家が経営側に簡単に会える機会なんてめったにありません。しかし、投資家は商法で保障された株主総会で企業の全役員の素顔を見ることができます。だからこそ、株主総会に参加すべきなのです。

株主総会に出席すれば経営に参加しているという意識が高まります。同時に、企業の評判や実態もわかるようになります。

しかし、実際には株主総会に出席している投資家は少ないというのが実情です。おそらく、株主総数の１％にも満たないと思います。

そこで、私が株主総会に出席して感じたことを、いくつかお話しします。

たとえば、たぶん誰も出席しないような地方企業のＡ社の株主総会にも出席したことがありました。

同社は10数年にわたって赤字でした。しかし、実際に現場を訪れると社員が錆でボロボロの工場で愚直に仕事をしていました。それを見ると、逆に「よし、株主としてこの会社を支えよう」と思いました。こうした気づきが、**現場を見る大切さ**です。

逆に、ダメな企業の一端が見えることがあります。たとえば株主総会で、スーツを着た男性たちが一列目を占領していることがあります。私もこのパターンにB社の株主総会で遭遇しました。まさに、最前列が身内で固められていたのです。

B社は、自己資本比率が80％程度で、有利子負債ゼロの好財務の企業でした。加えて時価総額が下回る、いわゆる「実質タダ」の企業でした。

株主総会が始まって総務部長が開会の辞を述べると案の定、最前列から拍手が起こりました。それを見て一瞬で、「周囲の声が社長の耳には届いていない会社だ」と思い、なぜ株価が安く放置されているのかが理解できませんでした。

いい株主総会とは、**社長が自分の言葉で株主に向かって話す**ことです。細かい数字ではなく、会社の展望や夢を語ればいいのです。こうした場で、社長が目を輝かせて語り出すような会社は、その後の業績が押し並べて良くなっています。

自分の出番がきて、そこでうまく反応できない社長は将来も期待できません。

株主総会でわかる企業の本当の姿

私が「いい意味」で印象に残っているのは、格安のホテルチェーンを営んでいる大分の**アメイズ（6076）**という会社の穴見保雄前社長です。同社は九州を地盤にジョイフルというファミレスを展開したこともあり、Jリーグの大分トリニータのオフィシャル・パートナーでもあります。

私は穴見前社長がまだ現役のとき、同社の株主総会で穴見社長の話が淡々と終わりそうだったので敢えて質問したことがあります。その内容は、「インバウンドの流れを考えると成長の余地はありそうで、まだまだ伸びると思います。その点、どう考えていますか？」といったものでした。

穴井社長は、そこから俄然《がぜん》、我が意を得たかのように語り出したのです。

「インバウンドは考えていません。まだまだ国内の需要が大きいからです。そして私は、田舎の開発については誰にも絶対に負けません。経営のアイデアなら、山ほどあります。みなさん、なぜド田舎でホテル業が成り立つかわかりますか？　それは、たとえば工事関係者が泊まるところがないからです。ド田舎でも人の営みがあり、ホテルを必要としている人がいるのです。

なぜローコストでホテル経営ができたかというと、自社では厨房《ちゅうぼう》を持たずに、顧客にはジョイフルがあるので、そこで食事を取っていただくように、当社では宿泊プランを組んでいます」

この穴見社長の経営戦略を聞いていて、私は直感で「この会社は大丈夫だ」と思ったことを覚えています。

同社は、２０１３年８月に福岡証券取引所に上場してから２０１８年まで、着実に売上げを伸ばしており、利益率も高く、株価も上場当時から３倍近くになりました。

企業や企業の跡地を訪ねることで、「企業を知る」が進化する

企業を知るには、株主総会で直に企業に触れるほか、企業のある地を訪問して見るだけでも、企業が創業された目的や意義などがわかります。せっかく株主になるのなら、その企業の歩んできた歴史、企業風土を直に感じてみることも大事です。株主総会への参加の

際に、**実際に企業や企業跡地を視察するフィールドワークもしていただきたい**のです。

私は現地視察もライフワークにしていますが、そこで見る風景は、その企業が業態を変えながらも生き続ける、企業の息吹のようなものを感じます。

投資家として、企業の歴史や企業風土を感じることは、ひいては日本企業の未来に通ずるものがあると思っています。

では、私が訪ねた地をいくつかご紹介いたします。

セイコーの技術が世界で初めて水運儀象台を完全復活させた

長野県諏訪市にある「時の科学館儀象堂」を訪れると、今から１０００年以上前の中国の北宋《ほくそう》時代につくられた機械式時計のルーツとされる「水運儀象台《すいうんぎしょうだい》」があります。水運儀象台は世界で初めて日本の技術によって完全復元されました。

水運儀象台とは、水の力で動く大型天文観測時計塔で、毎正午のデモンストレーションでは、内部の人形が動き出すシーンを見ることができます。一見するとカラクリ時計の大きなものという感じですが、水力で動くこの時計は、**セイコーホールディングス（８０５０）**の技術があって初めて復元できたようです。

機械式時計のルーツとされる水運儀象台

さて、日本で初めて時計ができたのは、いつごろでしょうか？　そもそも、なぜ諏訪の地に時計など精密工業が集まっているのでしょうか？

こうしたことは、意外と知られていません。

時計についての最初の記述「日本書紀」によると、６６０年（斉明《さいめい》６年）５月、中大兄《なかのおおえ》皇子（のちの天智《てんじ》天皇）が水時計をつくって人々に時刻を知らせたことが日本初と伝わっています。

諏訪の精密機械工業については、太平洋戦争が始まって間もない１９４２年（昭和17年）５月に諏訪市郊外の味噌蔵が改造され、小さな時計部品の下請け工場が誕生し、これが諏訪における時計の始まりだとされています。

ここから諏訪の精密機械工業の歴史が始まります。戦争が激しくなると、多くの精密工業の工場が諏訪に移転、工員も疎開してきました。つまり、**太平洋戦争が諏訪に精密工業**

が集まる要因となったのです。

余談になりますが、諏訪には諏訪大社があります。これは全国に2万5000社ある諏訪神社の総本山で、日本最古の神社の1つとされています。7年に1度、山中から切り出した大木を斜面の上から落としたり、神木として社殿の4隅に建てたりするなどの「御柱《おんばしら》祭」でも有名です。

さらに日本列島を縦断する中央構造線の上にあり、この線上には伊勢神宮、高野山、阿蘇山、ゼロ磁場の分杭《ぶんぐい》峠など日本に名だたる聖地やパワースポットが連なる不思議な場所でもあります。

そんな地に精密機械工業が生まれたのも、古来からの導きだったのかもしれません。

熟練工の手作業で組み立て、検査を実施する高級車の生産工場

2016年5月13日、栃木県にある日産自動車栃木工場を訪問しました。

偶然にも前日の12日に、**日産自動車（7201）が三菱自動車（7211）に対して、2370億円の巨額出資をして事実上傘下に収める**というビッグニュースが流れたタイミ

デジタルとアナログの生産ラインが組み合わされた日産自動車栃木工場
(左・著者、右・エミン・ユルマズ氏)

ングでした。

この工場は東北本線の石橋駅からタクシーに乗り、麦畑を見わたす道を15分ほど走ったところにあります。1周6・5キロの高速耐久テストコースを有する日産自動車国内工場で最大の面積を誇る工場です。

ここではシーマなど最高級車種と、スカイラインGT・Rやフェアレディ Zなど高性能スポーツカーが生産されています。顧客から注文を受け、それから作る「受注生産」という方法が採られています。

見学コースではスポット溶接から車体組み立て、最終検査に至るまでの流れを見て回れます。スポット溶接では、ファナック(6954)のトレードマークである「黄色」のロボットが全自動でフル回転しているのが印象的でした。

プレスや溶接は自動化されていますが、**組み立てや検査はすべて熟練工による手作業でなされており、デジタルなロボットと人の手作業というアナログが微妙に組み合わさって初めて生産ラインが成り立っている**と感じました。

評論家の中には、「電気自動車の時代が到来したら、誰でも自動車を作ることができる」という人もいます。しかし、私が工場見学から感じるかぎり、このシステムをすぐに真似することはまずできないと思いました。

長さ約１キロにおよぶ生産ライン上では、多くの作業員が働いています。生産過程ではたった１人のちょっとしたミスがすべてのラインを止めてしまい、製品に欠陥を発生させる原因になるということでした。そのためすべての作業員が、それぞれの持ち場で非常に真剣に、責任を持って作業に取り組んでいると感じました。

リニア中央新幹線と甲州ワインのコラボの可能性

リニア中央新幹線（日本車両製造・7102、三菱重工業・7011）は、２０２７年の「品川～名古屋」間の開業を目指し、２０１５年12月に最大の難所とされる「南アルプストンネル」の工事に着工しています。いよいよ本格的に動き出しましたが、災害に強い国土の形成という観点から完成の前倒しを望む声も出始めています。

また、山梨県固有の白ぶどう品種である「甲州種」から作られる甲州ワインは近年、世界的なワインコンクールで優勝するなど評価は高まっており、国を挙げて国産ワインを海外に積極的に売り込もうとしています。

ともに国策ですが、私は2016年8月、山梨県にある「リニア見学センター」と国産ワインの一大生産地である勝沼町を訪れました。

リニア見学センターは、JR中央線大月駅からバスで15分ほど行ったところにあります。この施設は日本で唯一、時速500キロで走行する超電導リニアを間近で見られるというのが特徴です。

ここでは1962年（昭和37年）から半世紀以上にわたるリニア開発の歴史や、模型の展示による歴代のリニア車両の変遷、さらには超電導磁石を使ったリニアの推進や浮上の原理などを、年表や体験を通じて学ぶことができます。

リニアの完成によって世の中がどう変わるかですが、東京圏、名古屋圏、大阪圏の約7000万人が山手線一周にかかる時間と同じくらいの67分で結ばれることで、活力のある新しい大都市圏が誕生し、**働き方や生活スタイルも大きく変わる**のではないかと思います。

ＪＲ中央線の勝沼ぶどう郷駅の近くにある「勝沼ぶどうの丘」には、温泉施設や宿泊施設、美術館などを併設する観光施設があります。この施設の目玉は、地元ワイン約２００銘柄、２万本を一堂に揃えるワインカーヴ（地下ワイン貯蔵庫）があることで、しかも入場料として１０００円を払うと、「タートヴァン」という試飲用の専用容器ですべてのワインを試飲することができることです。

2027年の開通が待たれるリニア新幹線のリニア見学センター

この日、最後に「中央葡萄酒」も訪れました。このワイナリーは２０１４年、世界最大のワインコンクール「Decanter World Wine Awards」に「キュヴェ三澤　明野甲州２０１３」という甲州ワインで日本初のゴールドメダルを獲得し、その後も、立て続けに金賞やプラチナ賞を獲得しています。

ぶどうを育てる日本独自の「棚

栽培」は、400年以上の歴史があります。ヨーロッパをはじめとする世界中のワイン用ぶどうの栽培法は一般的に棚栽培ではなく、枝を垂直に伸ばす「垣根栽培」を用いていますので、一面ぶどう棚が広がる風景を見られるのは日本だけのようです。

また、甲州産のぶどうは日本固有のものですが水分が多く、糖度も低いためアルコール度数が上がらずワインには向いていません。しかし、補糖という作業を加えることで、ほかのワインと遜色《そんしょく》のないワインに仕上がるといいます。

リニア中央新幹線と甲州ワインのコラボの実現可能性を追い求めて行くことが、山梨県の企業のミッションなのかもしれません。

日本の近代産業の起源である鉱山経営の跡地を訪ねる

2017年10月、栃木県日光市足尾町を訪れました。ずっと行きたいと思っていた場所で、ようやく念願が叶いました。

日本の企業は、鉱山経営を起源としているものが少なくありません。産業を育成、発展させるにしても金属製品の大半には銅が必要でした。

足尾銅山と言えば、まず頭に思い浮かぶのは**「足尾鉱毒事件」**です。これは、日本初の

「公害問題」とされています。この旅では近代産業の原点と公害問題を学び、日本経済の発展のプロセスにあった光と影を追体験することを目的としていました。

私は、明治維新後の近代産業の原点は足尾銅山にあると考えています。これは、当時の日本の縮図のようなものでした。山の中だというのに、銅山の周りには労働者のための遊郭まであったと言います。

当時、日本はロシアに占領されることを恐れ、急いで富国強兵を推進しなくてはならない状況にありました。公害問題に目をつぶってでも、国家を強くしないといけないという時代背景があったのです。

足尾銅山のルーツは、1610年（慶長15年）に備前国《びぜん》（現在の岡山県）出身の治部と内蔵が銅鉱を発見したところから始まります。足尾銅山発見の地は、「備前楯山《たてやま》」として今でも2人の出身地「備前」が残る山の名前となっています。

1649年（慶長2年）、足尾銅を江戸まで輸送するための銅山街道（あかがね街道）が設けられると、足尾銅山は年間35～40万貫目（1300～1500トン）の銅を生産する最盛期を迎えます。

1676年（延宝4年）からは長崎出島からオランダや中国にも輸出され、その量は全輸出の約2割を占めるまでになりました。しかし、やがて陰りが見え始め、1700年（元禄13年）には最盛期の10分の1の産出量にまで減少します。さらに度重なる洪水や1000軒を消失する足尾大火などが追い打ちをかけました。

幕府は、山元の困窮を救うために貨幣を製造する鋳銭の許可を与えることになります。そのとき鋳造された貨幣は、寛永通宝の背面に「足」の字が記されたことから「足字銭」と呼ばれています。

こうした幕府の保護政策があったにもかかわらず産出量は増えることもなく、1844年（弘化元年）頃には足尾銅山は休山状態となりました。

明治維新後、足尾銅山は明治新政府の所有となりましたが、古河財閥の古河市兵衛は廃山同然だった足尾銅山の経営に乗り出します。足尾銅山を抜本的に立て直すために新しい技術と設備、そして労働力を積極的に投入しました。

市兵衛は1832年（天保3年）、京都の木村長左衛門の次男として生まれ、27歳のときに京都の豪商、小野組の番頭だった古河太郎左衛門の養子となりました。その後、古河市兵衛を名乗るようになります。

小野組では生糸の輸出や米穀の取引で大成功し、そのとき陸奥宗光や渋沢栄一らとの人

日本の近代国家への礎となった足尾銅山

脈を築いています。明治政府の為替政策の変更によって小野組が破綻した際、市兵衛は私財を投げ打って、渋沢が創始した第一国立銀行が共倒れになることを防いでいます。これをきっかけに、渋沢は古河財閥の発展を支えることになりました。

その代表例の1つが、「間藤《まとう》水力発電所」の建設です。この目的は、それまで薪や木炭に頼っていた動力源に加えて電化を進める足尾銅山坑内の排水、坑内運搬用の竪坑捲揚機、坑内電車、電灯など鉱山関係施設の拡充にともなった電力需要の増大に対応するためでした。

そして市兵衛は、ドイツのシーメンスの技師の助言により**日本初の水力発電**に踏み切り、1890年（明治23年）に水力発電所を完成させたのです。

これこそが古河の「ふ」とジーメンスの「シ」

を合わせた「富士電機」の発祥となるわけです。さらに富士電機の通信部門が分離したのが「富士通信機→富士通（６７０２）」となり、富士通のＦＡ部門が分離したのがファナックとなります。

この水力発電所には、**日立製作所（６５０１）**や**東芝（６５０２）**、**ＩＨＩ（石川島播磨重工業・７０１３）**などの技術者も視察にきていました。ソニー創業者の井深大の父親は東京高等工業専門学校を卒業し、古河鉱業で水力発電を担当していたことから、これら大手企業の原点もすべてここから始まったと言えます。

市兵衛は、ほかにも架空索道（ロープウェイ）や鉄橋の「古河橋」、電気機関車の運転などすべて日本初の技術を導入しています。このように足尾銅山は近代化によって、明治20年代には日本の全産銅の40％を占める日本一の銅山となったのです。

ちなみに江戸時代の開業から１９７３年（昭和48年）の閉山までの約４００年にわたって採掘された銅の総量は、金属換算で約82万トンに上り、愛媛県別子銅山の約70万トン、茨城県日立銅山の約60万トンを抑えて日本一を誇っています。

労働者も全国から集まり、住民の人口は１９１７年（大正６年）に県下第２位の３万８０００人を有していました。そのころ産銅量も年間１５００トン以上に達するなど、１９

日本初の水力発電が生まれた水力発電所跡地

３８年（昭和13年）ごろまで繁栄を謳歌《おうか》しています。

太平洋戦争が始まると徴兵による労働力不足や乱掘により山は荒廃し、産銅量も減っていきました。戦後は設備の老朽化や海外からの安価な銅の輸入が増えたことで経営は悪化し、ついに１９７３年（昭和48年）に足尾銅山は４００年余にわたる歴史の幕を閉じることになります。

一方、足尾鉱毒事件とは、足尾銅山の工場から出た排水が渡良瀬《わたらせ》川を流れ、下流一帯の農地や農民の人体に多大な被害を与えた日本初の「公害問題」です。

川の水が濁り、魚が浮かび上がり、作物は育たず、小さな子どもの死亡率が高まるという出来事がありました。それが１８９０年（明治23年）の渡良瀬川の大洪水で、被害が拡大したことが決定打になりました。

地元住民から救いを求められた国会議員の田中正造は、国会でこう演説しました。

「政府は、直ぐに銅の生産を止めるよう命令すべきである」

しかし、その声は聞き入れられませんでした。

そこで正造は議員を辞職し、当時「神」とされていた明治天皇に命がけで直訴するという行動に出ています。この顛末は、正造は警察に捕まり直訴状をわたすことができなかったばかりか、被害に遭った谷中村は「洪水を防ぐ」という名目で遊水池の底に沈むことになり、村そのものがなくなってしまったのです。

当時は日露戦争の前夜で、ロシアが日本征服のため南下政策を推進する中、日本は国家を守るため「富国強兵」を押し進めなければなりませんでした。そのため環境問題は二の次にして、産業の発展を優先しなければならないという時代背景があったのです。

現代に置き換えてみると、東日本大震災で事故を起こした福島原発の問題も似たような状況になっています。つまり、**どの時代でも常に「光と影」がある**ということです。これは、まさに歴史のサイクルを見せつけられているようです。

ただ、足尾銅山とそれにともなった公害問題がなかったなら今の便利で豊かな日本の現代社会はあり得なかったでしょう。

ちなみに足尾銅山を経営した古河市兵衛が興した古河財閥を起源とする企業は古河機械金属（5715）、古河電気工業（5801）、富士電機（6504）、富士通（6702）、横浜ゴム（5101）、ADEKA（4401）、日本軽金属ホールディングス（5703）、朝日生命保険（相互会社）、日本農薬（4997）、関東電化工業（4047）、日本ゼオン（4205）、ファナック（6954）、UACJ（5741、旧古河スカイ）、古河電池（6937）など幅広い分野におよんでいます。

おわりに

私は野村證券時代、２０００年から機関投資家営業部という部署で営業に従事していました。この部署では取り扱う商品が日本株だけで、ひたすら機関投資家に対して日本株を紹介して売り込むという仕事に取り組んでいました。

機関投資家とは、預かった年金資金をグローバルに運用しているプロの投資家集団を指しています。具体的には信託銀行、生命保険会社、損害保険会社、アセットマネジメントと呼ばれる年金・投資信託の運用会社、投資顧問などです。

当時、こうしたプロの投資家集団に自社のアナリストを売り込んだり、これと思った企業の社長を紹介したりすることが私の主な業務でした。

年金の運用を委託する機関は、運用損益のパフォーマンスで運用会社を評価します。一方、その運用を委託された機関投資家はプロ同士が横並び状態というのが実態で、常に成果のあるパフォーマンスを顧客に見せるために「先陣争い」をしています。

しかし、運用先としては、たいていトヨタやＮＴＴドコモ、三菱ＵＦＪ銀行など時価総額の大きい企業の株式などに投資して運用しがちです。そうすると、運用実績でほかの機関投資家と目に見える成果として大きな差をつけることができません。

最終的に目立った差がつけられるのは、たとえば、大化けが期待できるようなスパイスの利いた中小型株での運用ということになります。そして、こうしたスパイス的な企業のことが機関投資家には見えていません。

私は機関投資家営業部で、通常の業務以外に「会社四季報」を読破することで見えてくる世の中の流れやテーマ、キーワードなどに基づいた大化けが期待できる中小型株を機関投資家に推奨していました。

それに対して、プライドが高い機関投資家は最初、「何を言っているの？」といった態度でした。しかし、やがて私が推奨していることが運用パフォーマンスを上げるためには欠かせないことだと理解し、無視できなくなってきたのです。

今では、独立系の投資運用会社で「自由」な運用を始めているところもあり、実際にそれでパフォーマンスを上げているケースも増えています。このように四季報を活用した中小型株の発掘法は機関投資家だけではなく、大いに儲けたいと思っている個人投資家にとっても実践的に使える手法なのです。
これが顧客に評価され、野村證券を辞めて始めた複眼経済塾の設立にもつながっています。「会社四季報」の読破、使い倒しは２０００年から始め、今も本業として取り組んでいます。

株式投資の王道は、経済社会の基盤を支えている上場企業に資金を投じることです。投資家は将来有望と思った企業に対して株式投資を通じて資金的に応援し、その事業活動で利益が出たら出資に応じた配当金を受け取ったり、値上がり益を享受するというのが基本的な構図です。
「会社四季報」に掲載されている上場企業について調べると、その企業を通じて世の中の動向がわかってきます。さらにさまざまな企業を調べて投資することは、議決権を持った株主として経営参加することになるので、その会社の社長になった気分で「自分なら、こういう経営をする」といった「疑似体験」もできます。

２０１１年3月11日、東日本大震災が発生しました。当時、野村證券はリーマン・ブラザーズを買収していましたので、私の部署にも多くの外国人が在籍していました。ところが、彼らが震災発生直後、いっせいに日本から逃げ出し始めたのです。

理由を聞いてみると、外国特派員協会で「福島原発がメルトダウンした」と発表されたということでした。日本政府は「大丈夫」と言っているじゃないかと思いましたが、この2カ月後に政府から「実はメルトダウンしていた」と発表されています。

それまで自分では情報の中心にいたつもりでしたが、そのとき「大本営」発表の情報に躍らされていたことに気づいたのです。

あの一件で社会の〝危なげな〟仕組みを思い知らされ、ハッと目が覚めました。そして、とにかくバイアスがかかった情報には踊らされるなという思いを深めたのです。これは、株式投資をする際にも同じことが言えると思います。


さて、この本を読み終えたことで、あなたも私が推奨する「『会社四季報』ウラ読み術」を身につけることができ、とことん「会社四季報」を使い倒せるようになれればうれしく思います。

最後に、私は今、東洋経済新報社の四季報オンラインで「四季報読破邁進中」という連載コラムを書いています。これに「会社四季報」の見方などを詳しく書いていますので、時間のある方はそちらのほうも、ぜひ読んでみてください。

ほかにもＴＯＫＹＯ　ＭＸの「東京マーケットワイド」やＢＳ12の「マーケットアナライズ」にも出演していますし、人気マンガ『ドラゴン桜』の作者、三田紀房氏の投資をテーマにした人気連載漫画『インベスターZ』（電子書籍）に登場する、「四季報オタク」の松井くんも、実は私がモデルになっていますので、ぜひご覧になっていただければと思います。

２０１４年秋号では、編集後記で「会社四季報」オタクの私のことが紹介されています。創刊から80年以上も続いている四季報に個人名が載っているのは、おそらく私だけじゃないかと自負しています。

歴史に名を残すと言いますが、私は「会社四季報に名前を残した」というわけです。

最後になりますが、あなたも「会社四季報」を通して、投資のみならず普段の生活に幸せを感じていただければ、これほどうれしいことはありません。そして、できれば株で儲けるだけではなく、企業の人格に触れ、日本の企業の成長を担う気概で、投資というものを見ていただければ幸いです。

あなたの成功を心よりお祈り申し上げます。

〈著者プロフィール〉

渡部清二（わたなべ せいじ）

複眼経済塾 代表取締役塾長。

1967年生まれ。1990年筑波大学第三学群基礎工学類変換工学卒業後、野村證券入社。個人投資家向け資産コンサルティングに10年、機関投資家向け日本株セールスに12年携わる。野村證券在籍時より、『会社四季報』を1ページ目から最後のページまで読む「四季報読破」を開始。20年以上の継続中で、84冊以上を読破。

2013年野村證券退社。2014年四季リサーチ株式会社設立、代表取締役就任。2016年複眼経済観測所設立、2018年複眼経済塾に社名変更。2017年3月には、一般社団法人ヒューマノミクス実行委員会代表理事に就任。テレビ・ラジオなどの投資番組に出演多数。「会社四季報オンライン」でコラム「四季報読破邁進中」を連載。『インベスターZ』の作者、三田紀房氏の公式サイトでは「世界一『四季報』を愛する男」と紹介された。

公益社団法人日本証券アナリスト協会検定会員、日本ファイナンシャル・プランナーズ協会認定AFP、国際テクニカルアナリスト連盟認定テクニカルアナリスト、神社検定2級。

著書に『会社四季報の達人が教える10倍株・100倍株の探し方』（東洋経済新報社）、『日経新聞マジ読み投資術』（総合法令出版）がある。
◆複眼経済塾ホームページ https://www.millioneyes.jp/

〈編集協力〉入江吉正
〈装丁〉竹内雄二
〈DTP･図版作成〉沖浦康彦

「会社四季報」最強のウラ読み術

2019年2月9日　初版発行

著　者　渡部清二
発行者　太田　宏
発行所　フォレスト出版株式会社
〒162-0824 東京都新宿区揚場町2-18　白宝ビル5F
電話　03-5229-5750（営業）
03-5229-5757（編集）
URL　http://www.forestpub.co.jp

印刷・製本　中央精版印刷株式会社

ISBN978-4-89451-993-0 Printed in Japan